Н.О. ЛОССКИЙ

Мир
как
осуществление
красоты

Н.О. ЛОССКИЙ

Мир
как осуществление
красоты

Основы эстетики

Прогресс-Традиция

МОСКВА

ББК 87.3 (2)
Л 79

*Издание осуществлено при финансовой поддержке
Российского гуманитарного научного фонда
согласно проекту № 97-03-16022*

*В оформлении суперобложки использован фрагмент иконы
"Отечество" (XIV век, Третьяковская галерея, Москва).*

Л 79 **Н.О. Лосский.** Мир как осуществление красоты.
Основы эстетики. - М.: "Прогресс-Традиция", "Традиция", 1998. - 416 с.
ISBN 5-89493-011-1

Труд выдающегося русского философа Н.О. Лосского, созданный им в последние годы жизни, завершает систему персоналистического идеал-реализма. По ряду причин эта работа осталась неопубликованной и до сего времени пролежала в архиве Института славянских исследований в Париже. Н.О. Лосский задумывал ее как учебник, который должен был войти в программу православного образования.

ББК 87.3 (2)

ISBN 5-89493-011-1

© Составление, предисловие,
примечания – П.Б. Шалимов, 1998
© "Прогресс-Традиция", 1998
© Оформление – А.Б. Орешина, 1998

Предисловие

Начало философского творчества Николая Онуфриевича Лосского (1870-1965) — великого русского философа, создавшего оригинальную систему интуитивизма и персоналистического идеал-реализма, — относится к периоду русского религиозно-философского Возрождения. До вынужденной эмиграции в 1922 г. Лосский приобрел мировую известность благодаря своим фундаментальным исследованиям: "Обоснование интуитивизма", СПб., 1906 (здесь представлена его теория познания, или, по выражению Бердяева, "гносеологическая онтология"); "Мир как органическое целое", М., 1917 (метафизика); "Логика", Пг., 1922.

Эмигрантский период деятельности Лосского отмечен необычайной продуктивностью. Он тщательно разрабатывает и совершенствует все аспекты своей философской системы, стремится придать ей концептуальную полноту, целостность и завершенность. Выходят в свет его книги, посвященные основам этики, аксиологии, теодицее, истории мировой и русской философии. Подводя предварительные итоги философской работы русских мыслителей к середине XX века, В.В. Зеньковский отмечал: "Лосский справедливо признается главой современных русских философов, имя его широко известно всюду, где интересуются философией. Вместе с тем, он едва ли не единственный русский философ, построивший систему философии в самом точном смысле слова, — только по вопросам эстетики он пока (насколько нам известно) не высказался в систематической форме, да по вопросам философии религии он коснулся в разных своих произведениях лишь некоторых — преимущественно частных вопросов"*.

В конце 40-х гг. XX века, когда писались приведенные выше строки, еще не были изданы книги "Достоевский и его христианское миропонимание" (1953), "Учение о перевоплощении" (впервые опубликована в 1992 г. Издательской группой "Прогресс" в серии "Библиотека журнала "Путь""), которые вместе с вышедшей ранее монографией "Бог и мировое зло. Основы теодицеи" (1941) дают полное представление о религиозных воззрениях Лосского.

Главное эстетическое сочинение Н.О. Лосского "Мир как осуществление красоты" создавалось во второй половине 30-х — начале 40-х гг. На его основе Лосский прочитал курс лекций "Христиан-

---

* Зеньковский В.В. История русской философии. Л., 1991. Т.2, ч.I, с.205.

ская эстетика" для студентов Нью-Йоркской Свято-Владимирской Духовной академии, где он преподавал с 1947 по 1950 г. Некоторые фрагменты этого произведения публиковались в разное время на разных языках. Как свидетельствует письмо Лосского к А.Ф. Родичевой от 9 апреля 1952 г. (см. Приложение), книга долгое время пролежала в издательстве YMCA-Press. Теперь появилась возможность ее публикации на родине автора.

Предоставляя читателю возможность самому оценить энциклопедическую многогранность эстетических взглядов Лосского, сошлемся лишь на одно небезынтересное свидетельство его сына — Б.Н. Лосского, известного искусствоведа, историка архитектуры, — где отражается существенная интенция всей книги. Вспоминая эпизод, связанный с сортировкой литературы в последние дни перед высылкой из России, Б.Н. Лосский пишет, что его отцу "направленческий реализм уже не представлялся как семидесятнице бабушке, но еще и не как Мир Искусства Володе и мне "абсолютной ценностью" в русской живописи. Последнее стало нам ясно, когда отец, возмутясь нашим поступком, вынул из папки вкладной лист с "горем безутешным" Крамского со словами вроде "что же, разве ничего не говорит такое прочувствованное проявление мысли?" Помнится именно слово "мысль" и думается, что для отца изобразительное искусство было главным образом одним из видов "проявления мысли", что, может быть, заметит читатель его книги "Мир как воплощение красоты", которая, кажется, наконец появится на свет в России"*.

Через 30 лет после смерти "патриарха русской философии" публикация на его родине книги "Мир как осуществление красоты" завершает собой издание основных философских трудов Н.О. Лосского.

Работа печатается по машинописному оригиналу с рукописной авторской правкой, хранящемуся в Институте славянских исследований в Париже. В публикации сохранены особенности авторской орфографии и пунктуации.

П.Б. Шалимов

---

* Лосский Б.Н. Наша семья в пору лихолетья 1914-1922 // Минувшее. М.– СПб., 1993, № 12, с.133-134.

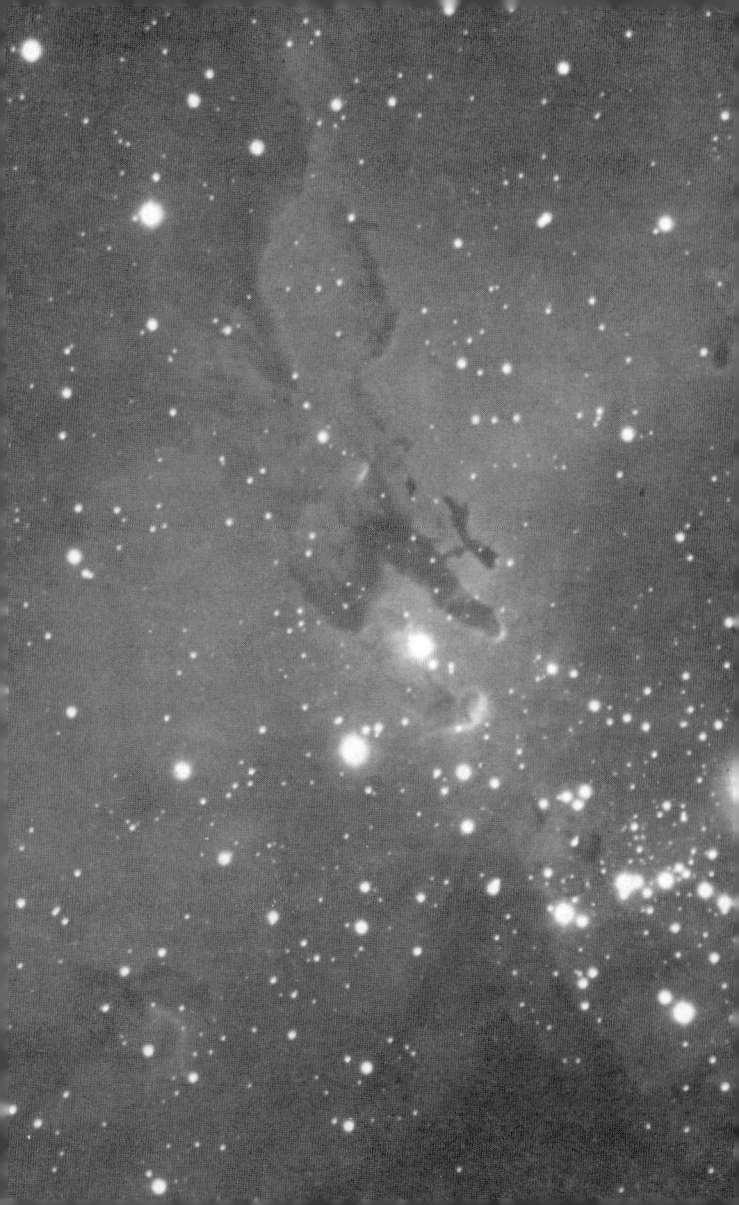

Введение

"Эстетика есть наука о мире, поскольку он прекрасен", — говорит Глокнер*.

Собственно, решение всякого философского вопроса дается с точки зрения мирового целого. И уж конечно, исследования сущности абсолютных ценностей, пронизывающих собою весь мир, могут быть произведены не иначе, как путем рассмотрения строения всего мира. Поэтому эстетика, как отдел философии, есть наука о мире, поскольку в нем осуществляется красота (или безобразие). Точно так же этика есть наука о мире, поскольку в нем осуществляется нравственное добро (или зло). Гносеология, т.е. теория знания, есть наука, открывающая те свойства мира и познающих субъектов, благодаря которым возможны истины о мире. Всего яснее направленность философских исследований на мировое целое обнаруживается в центральной философской науке, в метафизике, которая представляет собою учение о мировом бытии как целом.

---

* H. Glockner, Aesthetizismen, Logos, Bd. XI, 1922-23.

Отдав себе отчет в том, что всякая философская проблема решается не иначе, как в связи с мировым целым, нетрудно понять, что философия есть труднейшая из наук, что в ней существует много направлений, ожесточенно борющихся между собой, и многие проблемы могут считаться далекими от сколько-нибудь удовлетворительного решения. И эстетика, подобно этике, гносеологии, метафизике, содержит в себе много направлений, резко отличных друг от друга. Однако я решаюсь утверждать, что эстетика принадлежит к числу философских наук, сравнительно высоко разработанных. Правда, в ней есть много направлений весьма односторонних, например физиологизм, формализм и т.п., но знакомясь с этими крайностями, нетрудно усмотреть, какой аспект истины они содержат в себе и как можно включить его не эклектически в полную систему учения о красоте. Изложение этих направлений и критику их я дам в конце книги. Мало того, даже и главное разногласие, учение об относительности красоты и учение об абсолютности красоты, т.е. эстетический релятивизм и эстетический абсолютизм, я столкну друг с другом для резюмирующего опровержения релятивизма лишь в конце книги. Все изложение учения о красоте я буду вести в духе эстетического абсолютизма так, что в нем уже попутно будут приведены опровержения различных доводов, приводимых в пользу релятивизма. Точно так же в самом процессе изложения будут приведены доводы против психологизма в эстетике, но резюмирующее изложение и опровержение этого направления будет дано лишь в конце книги.

Исходным пунктом всей системы эстетики будет метафизическое учение об *идеале красоты*. Такое изложение, направленное сверху вниз, обеспечивает наибольшую ясность и полноту. Так называемое "научное", позитивистическое исследование, идущее снизу вверх, приводит у наиболее выдающихся представителей этих направлений приблизительно к тому же идеалу по существу, однако без достаточной ясности и силы, а у менее выдающихся заканчивается впадением в крайние односторонности.

ГЛАВА 1

Абсолютно совершенная красота

1. Идеал красоты

Красота есть ценность. Общая теория ценностей, аксиология, изложена мною в книге "Ценность и бытие. Бог и Царство Божие как основа ценностей" <Париж, 1931>. Исследуя красоту, я буду, конечно, исходить из своей теории ценностей. Поэтому, чтобы не отсылать читателя к книге "Ценность и бытие", я вкратце изложу сущность ее.

Добро и зло, т.е. положительная и отрицательная ценность в самом общем значении этих слов, не в смысле только нравственного добра или зла, а в смысле всякого совершенства или несовершенства, также и эстетического, есть нечто столь основное, что определение этих понятий через указание на ближайший род и видовой признак невозможно. Поэтому разграничение добра и зла производится нами на основе непосредственного усмотрения: "Это — есть добро", "то — есть зло". На основе этого непосредственного усмотрения мы признаем или чувствуем, что одно заслуживает одобрения и достойно существования, а другое заслуживает порицания и не достойно существования. Но имея дело со сложным содержанием жизни, легко впасть в ошибку и не заметить зла, замаскированного примесью к нему добра, или не оценить добро, которое в земном бытии не бывает свободным от недостатков. Поэтому необходимо найти первичное абсолютно совершенное и всеобъемлющее добро, которое могло бы служить масштабом и основою для всех остальных оценок. Такое высшее добро есть Бог.

Малейшее приобщение к Богу в религиозном опыте открывает нам Его как само Добро и именно как *абсолютную полноту бытия*, которая сама в себе имеет смысл, оправдывающий ее, делающий ее предметом одобрения, дающий ей безусловное право на осуществление и предпочтение чему бы то ни было другому. В этом усмотрении высшей ценности нет логического определения ее, есть только указание на первичное начало и многословное, однако все же не полное перечисление следствий, вытекающих из него для ума и воли, в какой-либо мере приобщающихся к нему (оправданность, одобрение, признание права, предпочтение и т.п.).

Бог есть само Добро во всеобъемлющем значении этого слова: Он есть сама Истина, сама Красота, Нравственное Добро, Жизнь и т.д. Таким образом, Бог и именно каждое Лицо

Пресвятой Троицы есть Всеобъемлющая абсолютная самоценность. Полное взаимоучастие Бога-Отца, Сына и Духа Святого в жизни друг друга дает право утверждать, что Всеобъемлющая абсолютная самоценность не делится на три части и существует не в трех экземплярах: Она едина в трех Лицах. Мало того, и всякий тварный член Царства Божия есть личность, достойная приобщиться к Божественной полноте бытия вследствие избранного ею пути добра и действительно получившая благодатно от Бога доступ к усвоению Его бесконечной жизни и деятельному участию в ней, это — личность, достигнувшая обожения по благодати и вместе с тем имеющая характер хотя и тварный, но все же всеобъемлющей абсолютной самоценности. Всякая такая личность есть тварный сын Божий.

Личность есть существо, обладающее *творческою силою* и *свободою*: она свободно творит свою жизнь, совершая действия во времени и в пространстве. В личности нужно различать ее первозданную, Богом сотворенную сущность и творимые ею самою поступки. Глубинная сущность личности, ее Я есть существо сверхвременное и сверхпространственное; только своим проявлениям, своим поступкам личность придает форму временную (психические или психоидные проявления), или пространственно-временну́ю (материальные проявления).

Сверхвременное существо, творящее свои проявления во времени и являющееся носителем их, называется в философии субстанциею. Чтобы подчеркнуть, что такое существо есть творческий источник своих проявлений, я предпочитаю называть его термином *субстанциальный деятель*. Итак, всякая личность есть субстанциальный деятель. Только личности способны осуществлять абсолютно совершенную жизнь, деятельно присоединяясь к Божественной полноте бытия. Поэтому Богом сотворены только личности, т.е. только субстанциальные деятели. Мир состоит из бесконечного множества личностей. Многие из них творят все свои жизненные проявления на основе любви к Богу, большей, чем к себе, и любви ко всем остальным существам в мире. Такие личности живут в Царстве Божием. Всякий творческий замысел члена Царства Божия единодушно подхватывается и дополняется остальными членами этого царства; такое творчество можно поэтому назвать *соборным*. Творческая мощь членов Царства Божия вследствие единодушия их, а также вследствие того, что она дополняется творческим содействием Самого Господа Бога, безгранична. Понятно поэтому, что личности, образующие Царство Божие, осуществляют абсолютную полноту жизни.

Соборность творчества состоит не в том, что все деятели творят однообразно одно и то же, а, наоборот, в том, что каждый деятель вносит от себя нечто единственное, своеобразное, неповторимое и незаменимое другими тварными деятелями, т.е. *индивидуальное*, но каждый такой вклад гармонически соотнесен с деятельностями других членов Царства Божия и потому результат их творчества есть совершенное органическое целое, бесконечно богатое содержанием. Деятельность каждого члена Царства Божия индивидуальна, и каждый из них есть *индивидуум*, т.е. личность, единственная, *неповторимая* по бытию и *незаменимая* по ценности никаким другим тварным существом.

Субстанциальные деятели суть существа свободные. Все они стремятся к абсолютной полноте жизни, но одни из них хотят осуществить эту полноту бытия для всех существ в единодушии с ними на основе любви к ним и к Богу, а другие деятели стремятся достигнуть этой цели для себя, не заботясь о других существах или думая о них, но желая благодетельствовать им непременно по своему плану и соизволению, т.е. ставя себя выше их. Такие себялюбивые, т.е. эгоистические деятели находятся вне Царства Божия. Многие цели, ставимые ими, находятся в противоречии с волею Божиею и с волею других деятелей. Поэтому они находятся в состоянии частичного отпадения от Бога и обособления от других деятелей. Ко многим существам они вступают в отношение враждебного противоборства. Вместо соборного единодушного творчества получается зачастую взаимное стеснение, препятствование жизни друг друга. Находясь в этом состоянии изолированности, себялюбивый деятель осуществляет вместо полноты жизни скудную жизнь с обедненным содержанием. Примером крайней изолированности и бедности проявлений могут служить такие низшие ступени природного бытия, как свободные электроны. Это — субстанциальные деятели, совершающие только однообразные действия отталкивания других электронов, притягивания протонов, движения в пространстве. Правда, и они, как творцы этих действий, — суть существа сверхвременные и сверхпространственные; и они стремятся к абсолютной полноте бытия, но назвать их действительными личностями нельзя. В самом деле, *действительная* личность есть деятель, осознающий абсолютные ценности и долженствование осуществлять их в своем поведении. В нашем падшем царстве бытия человек может служить примером действительной личности, хотя мы, люди, часто не исполняем своего долга, все же каждый из нас знает, что называется словом "долг". Что же касается существ, находящихся на такой ступени обеднения жизни, как электрон, они вовсе не умеют осуществлять акты осознания, но и они совершают свои действия целестремительно, руководясь психоидными (т.е. весьма упрощенными, но все же аналогичными психическим) инстинктивными стремлениями к лучшей жизни, и они бессознательно накопляют жизненный опыт и потому способны к развитию. Из скудости жизни они выходят, вступая в союзы с другими деятелями, т.е. объединяя с ними свои силы для достижения более сложных форм жизни. Так возникают из сочетания электронов, протонов и т.п. атомы, далее молекулы, одноклеточные организмы, многоклеточные организмы и т. д. В центре каждого такого союза стоит деятель, способный организовать целое союза и создавать такой тип жизни, который привлекает менее развитых деятелей, так что они свободно вступают в союз и более или менее подчиняются главному деятелю, сочетая свои силы для совместного достижения общих целей. Восходя все выше и выше по пути усложнения жизни, каждый деятель может достигнуть и той ступени, на которой он становится способным к актам *сознания* и, наконец, может стать действительною личностью. Поэтому как бы низко он ни стоял на предшествующих ступенях своего развития, он может быть назван *потенциальною* (возможною) личностью.

Акты отталкивания, производимые деятелями, ставящими эгоистические цели, *создают материальную телесность* каждого деятеля, т.е. относительно непроницаемый объем пространства, занимаемого этими его проявлениями. Поэтому и всю нашу область бытия можно назвать *психо-материальным царством*.

Всякий деятель психо-материального царства бытия, несмотря на свое состояние отпадения от Бога и пребывания в скудости относительно изолированного бытия, есть все же индивидуум, т.е. существо, способное осуществить единственную в своем роде индивидуальную идею, согласно которой он есть возможный член Царства Божия; поэтому каждый субстанциальный деятель, каждая действительная и даже каждая потенциальная личность есть абсолютная самоценность, потенциально всеобъемлющая. Таким образом, все деятели, т.е. весь первозданный мир, сотворенный Богом, состоит из существ, которые суть не средства для каких-нибудь целей и ценностей, а самоценности абсолютные и притом даже потенциально всеобъемлющие; от собственных усилий их зависит стать достойными благодатной помощи Божией для возведения абсолютной самоценности их из потенциально всеобъемлющей на степень актуально всеобъемлющей, т.е. удостоиться обожения.

Учение, согласно которому весь мир состоит из личностей, действительных или, по крайней мере, потенциальных, называется *персонализмом*.

Только личность может быть актуально всеобъемлющею абсолютною *самоценностью*: только личность может обладать абсолютною полнотою бытия. Все остальные виды бытия, производные из бытия личности, именно различные аспекты личности, деятельности личностей, продукты их деятельностей суть ценности *производные*, существующие не иначе, как под условием всеобъемлющего абсолютного добра.

Производные положительные ценности, т.е. производные виды добра могут быть теперь определены путем указания на их связь с всеобъемлющим добром, именно с абсолютною полнотою бытия. Производное добро есть бытие в его значении для осуществления абсолютной полноты бытия. Это учение не следует понимать так, будто всякое производное добро есть *только средство* для достижения всеобъемлющего добра, а само по себе не имеет цены. В таком случае пришлось бы думать, что, например, любовь человека к Богу, или любовь человека к другим людям есть добро не само по себе, а только как средство достигнуть абсолютной полноты бытия. Также и красота, истина были бы добры не сами по себе, а лишь в качестве средств.

Осознание этого тезиса и точное понимание его необходимо связано с отвращением к его смыслу, и это чувство есть верный симптом ложности тезиса. В самом деле, любовь к какому бы то ни было существу, лишённая самоценности и низведённая на степень лишь средства, есть не подлинная любовь, а какая-то фальсификация любви, таящая в себе лицемерие или предательство. Ложность этого тезиса обнаруживается также и в том, что он делает непонятною добротность самого Абсолютного всеобъемлющего Добра: если любовь, красота, истина, несомненно наличные в Нём, суть только средства, то что же есть исконное добро в самом этом абсолютном Добре, в самом Боге? К счастью, однако, наша мысль вовсе не обязана колебаться между двумя только возможностями; всеобъемлющая абсолютная ценность и служебная ценность (ценность средства). Само понятие *всеобъемлющей* абсолютной ценности наводит на мысль о существовании различных *сторон* единого всеобъемлющего добра; каждая из них есть абсолютная "*частичная*" самоценность. Несмотря на свою производность, в смысле невозможности существовать без целого, они остаются *самоценностями*. В самом деле, во главу теории ценностей (аксиологии) нами поставлена всеобъемлющая полнота бытия как абсолютное совершенство. Та неопределимая добротность, оправданность в себе, которою насквозь пропитана полнота бытия, принадлежит, вследствие органической целостности ее, также и каждому моменту ее. Поэтому всякий необходимый аспект полноты бытия воспринимается и переживается как нечто такое, что само в себе есть добро, само в своем содержании оправдано как долженствующее быть. Таковы любовь, истина, свобода, красота, нравственное добро. Все эти аспекты Царства Божия с Господом Богом во главе запечатлены чертами, присущими Абсолютному Добру, такими как несамозамкнутость, непричастность какому бы то ни было враждебному противоборству, совместимость, сообщаемость, бытие для себя и для всех, самоотдача.

Таким образом, в Боге и в Царстве Божием, а также в первозданном мире есть только самоценности, нет ничего, что было бы лишь средством, все они абсолютны и объективны, т.е. общезначимы, так как здесь нет никакого изолированного, обособившегося бытия.

Вслед за учением о положительных ценностях, т.е. добре, легко уже развить учение об отрицательных ценностях. Отрицательную ценность, т.е. характер зла (в широком, а не этическом лишь значении) имеет все то, что служит препятствием к достижению абсолютной полноты бытия. Из этого, однако, не следует, будто зло, например болезнь, эстетическое безобразие, ненависть, предательство и т.п., сами в себе безразличны и только постольку, поскольку *следствием* их является недостижение полноты бытия, они суть зло; как добро оправдано само в себе, так и зло есть нечто само в себе недостойное, заслуживающее осуждения; оно само в себе противоположно абсолютной полноте бытия как абсолютному добру.

Но в отличие от Абсолютного Добра, зло не первично и не самостоятельно. Во-первых, оно существует только в тварном мире, и то не в первозданной сущности его, а первоначально как свободный акт воли субстанциальных деятелей, и производно как следствие этого акта. Во-вторых, злые акты воли совершаются под видом добра, так как направлены всегда на подлинную положительную ценность, однако в таком соотношении с другими ценностями и средствами для достижения ее, что добро подменяется злом: так, быть Богом есть высшая положительная ценность, но самочинное присвоение себе этого достоинства тварью есть величайшее зло, именно зло сатанинское. В-третьих, осуществление отрицательной ценности возможно не иначе, как путем использования сил добра. Эта несамостоятельность и противоречивость отрицательных ценностей особенно заметна в сфере сатанинского зла*.

Познакомившись с общим учением о ценностях, постараемся отдать отчет о месте красоты в системе ценностей. Непосредственное созерцание несомненно свидетельствует, что красота есть *абсолютная ценность*, т.е. ценность, имеющая положительное значение *для*

---

* Изложенное учение о ценностях см. в моей книге "Ценность и бытие. Бог и Царство Божие как основа ценностей", стр. 78, 89 с., 90 с., 102 с.

всех личностей, способных воспринимать ее. *Идеал красоты* осуществлен там, где действительно осуществлена всеобъемлющая абсолютная ценность *совершенной полноты бытия*, именно этот идеал реализован в Боге и в Царстве Божием. Совершенная красота есть полнота бытия, содержащая в себе *совокупность всех абсолютных ценностей, воплощенная чувственно*. Хотя идеальная красота включает в себя все остальные абсолютные ценности, она вовсе не тожественна им и представляет собою в сравнении с ними особую новую ценность, возникающую в связи с чувственною воплощенностью их.

Изложенное мною учение о ценностях есть *онтологическая* теория ценностей. Также и высказанное мною учение об идеале красоты есть онтологическое понимание красоты: в самом деле, красота есть не какая-либо прибавка к бытию, а само бытие, прекрасное или безобразное в тех или иных своих бытийственных содержаниях и формах.

Определение идеала красоты высказано мною без доказательств. Каким методом можно обосновать его? — Конечно, не иначе, как путем опыта, но это — опыт высшего порядка, именно *мистическая интуиция* в сочетании с *интеллектуальною* (умозрительною) и *чувственною интуициею*. Что разумею я под словом "опыт", точные сведения об этом можно получить, лишь познакомившись с разработанною мною теориею знания, которую я называю интуитивизмом. Она подробно изложена в моей книге "Чувственная, интеллектуальная и мистическая интуиция" <Париж, 1938> и в моей системе "Логики". Слову "интуиция" я придаю следующее значение: непосредственное созерцание познающим субъектом самого бытия в подлиннике, а не в виде копий, символов, конструкций, производимых рассудком и т.п.

2. Абсолютно совершенная красота Богочеловека и Царства Божия

Бог в своей глубине есть нечто несказанное, не соизмеримое с миром. Тот отдел богословия, в котором идет речь о Боге в этом смысле слова, называется *отрицательным* (апофатическим) *богословием*, потому что в нем высказываются лишь отрицания всего, что есть в тварном мире: Бог не есть Разум, не есть Дух, не есть даже бытие в земном значении этих слов; совокупность этих отрицаний приводит к мысли, что Бог есть Ничто, — не в смысле пустоты, а в смысле такой положительности, которая стоит выше всякого ограниченного тварного "что". Отсюда в отрицательном богословии возникает возможность обозначать Бога и положительными терминами, заимствованными из области тварного бытия, но с указанием превосходства Его: Бог есть Сверхразумное, Сверхличное, Сверхбытийственное и т.д. начало. И даже в положительном (катафатическом) богословии, где речь идет о Боге как триединстве Лиц — Бога-Отца, Сына и Духа Святого, все понятия, используемые нами, применяются лишь по аналогии с тварным бытием, а не в собственном земном их смысле. Так, например, личное бытие Бога глубоко отлично от нашего: Бог, будучи единым по существу, трехличен, что невозможно для человека.

Из всего сказанного ясно, что и красота, присущая Богу как личности, есть нечто глубоко отличное от всего, что существует в тварном мире, и может быть названа этим словом лишь в несобственном смысле. Однако именно вследствие глубокой онтологической пропасти, отделяющей Божественное сверхбытие от тварного бытия, Господь Бог, согласно основному христианскому догмату, снизошел к миру и интимно приблизился к нему путем воплощения Второго Лица св. Троицы. Сын Божий, Логос, сотворив *идею* совершенной человечности, Сам усваивает ее себе как вторую природу Свою, и от века стоит во главе Царства Божия как Небесный человек и притом Богочеловек*.

Мало того, в определенную историческую эпоху Богочеловек нисходит из Царства Божия и вступает в наше психо-материальное царство бытия, приняв образ раба. В самом деле, как Небесный человек он имеет *космическое тело***, объемлющее весь мир, а в своем явлении на земле в Палестине как Иисус Христос Он жил даже в ограниченном несовершенном теле, представляющем собой следствие греха. Будучи Сам безгрешным, Он тем не менее принял на Себя следствия греха — несовершенное тело, крестные страдания и смерть, и показал нам, что, даже и находясь в условиях жизни падших существ, человеческое Я может осуществить духовную жизнь, вполне следующую воле Божией. Мало того, в своих явлениях после воскресения Он показал нам, что даже и ограниченное человеческое тело может быть преображенным, прославленным, свободным от несовершенств материальной телесности. Явление Христа в духоносном теле есть наиболее высо-

---

* См. это учение в моей книге "Бог и мировое зло. Основы теодицеи" <Прага, 1941>, гл. V.
** О космическом теле членов Царства Божия см. мою статью "О воскресении во плоти", Путь, 1931, <№ 26>.

кое *доступное нам* символическое выражение Бога на земле: в нем осуществлены все совершенства в чувственном воплощении, следовательно, реализован также *идеал красоты*.

Мне скажут, что высказанные мной мысли суть лишь моя догадка, не подтвержденная никаким опытом. На это я отвечу, что такой опыт существует: Иисус Христос являлся на земле в прославленном теле не только в ближайшее время после своего воскресения, но и во все последующие века вплоть до нашего времени. Об этом мы имеем свидетельства многих святых и мистиков. В тех случаях, когда лица, удостоившиеся этих видений, сообщают о них более или менее подробно, они, обыкновенно, отмечают красоту виденного ими образа, превосходящую все, что есть на земле. Так, св. Тереза (1515-1582) говорит: "Во время молитвы Господь соизволил показать мне только свои руки, которые блистали такою чудесною красотою, что я этого и выразить не могу". "Спустя несколько дней я увидела также Его божественное лицо"; "я не могла понять, почему Господь, который потом оказал мне и ту милость, что я Его созерцала всего, являлся мне так постепенно. Впоследствии я усмотрела, что Он вел меня сообразно моей естественной слабости: такое низкое и жалкое творение не могло бы вынести видеть сразу столь великую славу". "Вы, может быть, подумаете, что для созерцания столь прекрасных рук и столь прекрасного лица не нужно такой большой силы духа. Но прославленные тела так сверхъестественно прекрасны и излучают такую славу, что при виде их совершенно бываешь вне себя". "Во время мессы в день св. Павла явилась мне святая человечность Господа, как ее изображают в Воскресении с красотою и величием, как я уже описала вашей милости" (духовному отцу) "по вашему приказанию". "Одно только я хочу еще сказать: если бы на небесах для услаждения наших глаз не было ничего, кроме вида возвышенной красоты прославленных тел, особенно человечности Господа нашего Иисуса Христа, то уже это было бы чрезвычайным блаженством. Если этот вид даже здесь, где Его величие является только сообразно нашей слабости, уже доставляет такое блаженство, что же будет там, где наслаждение этим благом будет полным". "Уже белизна и блеск такого видения превосходит все, что можно представить себе на земле. Это не блеск, который ослепляет, а любезная белизна, излучающееся сияние, которое не причиняет боли созерцающему, но доставляет высшее наслаждение. Также свет, который при этом светит, чтобы можно было созерцать такую божественную красоту, не ослепляет". "В сравнении с этим светом даже видимая нами ясность солнца — тьма"; "это свет, не знающий ночи, но всегда светящий, ничем не затемнимый"*.

Описанные с таким восторгом явления Христа св. Тереза видела "глазами души". Это были, следовательно, "*имагинативные*" видения, в которых чувственные качества даны человеческой душе как бы изнутри ее самой; тогда как в "сенсорных" видениях они даны как ощущаемые извне. От них отличаются "интеллектуальные" созерцания, в которых уму человека предстоит сама *нечувственная сущность* Бога или членов Царства Божия. Впрочем, говорит св. Тереза, оба вида созерцаний почти всегда происходят вместе, т.е. созерцание имагинативное, дополненное созерцанием интеллектуальным: "глазами души видишь совершенство, красоту и славу святейшей человечности Господа" и вместе с тем "познаешь, что Он — Бог, что Он — могуществен и все может,

---

* Theresia von Jesu, Das Leben der heiligen Theresia von Jesu und die besonderen ihr von Gott erteilten Gnaden auf Geheiss ihrer Beichtväter von ihr selbst beschrieben, von Fr. Aloisius ab Immaculata conceptione, Priester aus dem Orden der unbeschuhten Karmeliten, 1919, гл. XXVIII, стр. 363-367.

все приводит в порядок, всем управляет и все наполняет своею любовью" (371)*.

Также и члены Царства Божия блистают своею неземною красотою. "В день св. Клары", рассказывает св. Тереза, "когда я собиралась причащаться, мне явилась эта святая в великой красоте" (XXXIII гл., стр. 463). О видении Божией Матери св. Тереза сообщает: "чрезвычайна была красота, в которой я увидела ее" (466).

Средневековый мистик доминиканский монах бл. Генрих Сузо жил наполовину на земле, наполовину в Божественном мире, красоту которого он описывает в особенно ярких, живых красках. Рассказывая о своих видениях Иисуса Христа, Божией Матери, ангелов, Сузо всегда отмечает чрезвычайную красоту их. Особенно часто он видел небожителей, слыша вместе с тем их пение, игру на арфе или скрипке, небесная красота которых несказанна. В одном видении, например, перед ним "открылось небо и он увидел ангелов, летающих вниз и вверх в светлых одеждах, он услышал их пение, самое прекрасное из всего, что он когда-

---

* Учение о видениях святых и мистиков в отличие от галлюцинаций см. в моей книге "Чувственная, интеллектуальная и мистическая интуиция", стр. 204 сс.

либо слышал. Они пели особенно о нашей любимой Деве Марии. Песнь их звучала так сладостно, что душа его расплывалась от наслаждения"*.

В русской литературе есть особенно ценное для целей учения о красоте описание того, что видел и пережил помещик Н.А. Мотовилов, когда он зимою 1831 г. посетил св. Серафима Саровского (1759-1833). Они находились в лесу недалеко от кельи святого и беседовали о цели христианской жизни. "Истинная <же> цель нашей христианской жизни", говорил св. Серафим, "состоит в стяжании Духа Святого Божиего". — "Каким же образом", спросил я батюшку отца Серафима, "узнать мне, что я нахожусь в благодати Духа Святого?" "Тогда о. Серафим взял меня весьма крепко за плечи и сказал мне: "Мы оба теперь, батюшка, в Духе Божием с тобою... что же ты не смотришь на меня?"

Я отвечал:

— Я не могу, батюшка, смотреть, потому что из глаз ваших молнии сыплются. Лицо ваше сделалось светлее солнца, и у меня глаза ломит от боли.

---

* Seuse, Deutsche Schriften, изд. Bihlmeyer, Жизнь Сузо, гл. XXXVI.

О. Серафим сказал:

— Не устрашайтесь, ваше Боголюбие, и вы теперь сами также светлы стали, как и я сам, Вы сами теперь в полноте духа Божиего, *иначе вам нельзя было бы и меня таким видеть.*

И, преклонив ко мне свою голову, он тихонько на ухо сказал мне:

— Благодарите же Господа Бога за неизреченную к вам милость Его. Вы видели, что я не перекрестился даже, а только в сердце моем мысленно помолился Господу Богу и внутри себя сказал: Господи, удостой его ясно и телесными глазами видеть то сошествие Духа Твоего, которым Ты удостаиваешь рабов Своих, когда благоволишь являться в свете великолепной славы Твоей. И вот, батюшка, Господь и исполнил мгновенно смиренную просьбу убогого Серафима... Как же не благодарить Его за этот Его неизреченный дар нам обоим. Этак, батюшка, не всегда и великим пустынникам являет Господь Бог милость Свою. Это благодать Божия благоволила утешить сокрушенное сердце ваше, как мать чадолюбивая по предстательству Самой Матери Божией. Что же, батюшка, не смотрите мне в глаза? Смотрите просто и не убойтесь. — Господь с нами!

Я взглянул после этих слов в лицо его, и напал на меня еще больший благоговейный ужас. Представьте себе в средине солнца, в самой блистательной яркости его полуденных лучей лицо человека, с вами разговаривающего. Вы видите движение уст его, меняющееся выражение его глаз, слышите его голос, чувствуете, что кто-то вас руками держит за плечи, но не только рук этих не видите, не видите ни самих себя, ни фигуры его, а только один свет ослепительный, простирающийся далеко, на несколько сажен кругом, и озаряющий ярким блеском своим снежную пелену, покрывающую поляну, и снежную крупу, осыпающую сверху и меня и великого старца. Возможно ли представить себе то положение, в котором я находился тогда!

— Что же чувствуете вы теперь? — спросил меня о. Серафим.

— Необыкновенно хорошо! — сказал я.

— Да как же хорошо? Что именно?

Я отвечал:

— Чувствую я такую тишину и мир в душе моей, что никакими словами выразить не могу!

— Это, ваше Боголюбие, — сказал батюшка о. Серафим, — тот мир, про который Господь сказал ученикам Своим: "мир Мой даю вам, не яко же мир дает, Аз даю вам. Аще бы от мира бысте были, мир убо свое любил бы, но Аз избрах вас от мира, сего ради ненавидит вас мир. Но дерзайте, яко Аз победих мир". Вот этим-то людям, ненавидимым от мира сего, избранным же от Господа, и дает Господь тот мир, который вы в себе теперь чувствуете. "Мир" по слову апостольскому "всякий ум преимущий" (Фил. 4, 7).

Что же еще чувствуете вы? — спросил меня о. Серафим.

— Необыкновенную сладость! — отвечал я.

И он продолжал:

— Это та сладость, про которую говорится в Священном Писании: "от тука дому Твоего упиются и потоком сладости Твоея напоиши я". Вот эта-то теперь сладость преисполняет и разливается по всем жилам нашим неизреченным услаждением. От этой-то сладости наши сердца как будто тают, и мы оба исполнены такого блаженства, какое никаким языком выражено быть не может... Что же еще вы чувствуете?

— Необыкновенную радость во всем моем сердце!

И батюшка отец Серафим продолжал:

— Когда Дух Божий снисходит к человеку и осеняет его полнотою Своего наития, тогда душа человеческая преисполняется неизреченною радостью, ибо Дух Божий радостно творит все, к чему бы Он ни прикоснулся, это та самая радость, про которую Господь говорит в Евангелии Своем: "жена, егда рождает, скорбь имать, яко прииде год ея; егда же родить отроча, к тому не помнит скорби за радость, яко родися человек в мир. В мире скорбни будете, но егда узрю вы, возрадуется сердце ваше, и радости вашей никто не возьмет от вас". Но как бы ни была утешительна радость эта, которую вы теперь чувствуете в сердце своем, все-таки она ничтожна в сравнении с тою, про которую сам Господь устами Своего апостола сказал, что радости той "ни око не виде, ни ухо не слыша, ни на сердце человеку не вздоша благая, яже уготова Бог любящим Его". Предзадатки этой радости даются нам теперь, и если от них так сладко, хорошо и весело в душах наших, то что сказать о той радости, которая уготована на небесах плачущим здесь на земле? Вот и вы, батюшка, довольно поплакали в жизни вашей, и смотрите-ка, какой радостью утешает вас Господь еще в здешней жизни.

Что же вы еще чувствуете, ваше Боголюбие?

Я отвечал:

— Теплоту необыкновенную!

— Как, батюшка, теплоту? Да ведь мы в лесу сидим. Теперь зима на дворе, и под ногами снег, и на нас более вершка снегу, и сверху крупа падает... Какая же может быть тут теплота?

Я отвечал:

— А такая, какая бывает в бане, когда поддадут на каменку и когда из нее столбом пар валит...

— И запах, — спросил он меня, — такой же, как из бани?

— Нет, — отвечал я, — на земле нет ничего подобного этому благоуханию. Когда, еще при жизни матушки моей, я любил танцевать и ездить на балы и танцевальные вечера, то матушка моя опрыснет меня бывало духами, которые покупала в лучших модных магазинах Казани, но и те духи не издают такого благоухания...

И батюшка о. Серафим, приятно улыбнувшись, сказал:

— И сам я, батюшка, знаю это точно так же как и вы, да нарочно опрашиваю у вас — так ли вы это чувствуете. Сущая правда, ваше Боголюбие! Никакая приятность земного благоухания не может быть сравнена с тем благоуханием, которое мы теперь ощущаем, потому что нас теперь окружает благоухание Святаго Духа Божия. Что же земное может быть подобно ему? Заметьте же, ваше Боголюбие, ведь вы сказали мне, что кругом нас тепло как в бане, а посмотрите-ка, ведь ни на вас, ни на мне снег не тает и над нами так же. Стало быть, теплота эта не в воздухе, а в нас самих. Она-то и есть та самая теплота, про которую Дух Святой словами молитвы заставляет нас вопиять к Господу: "Теплотою Духа Твоего Святого согрей мя". Ею-то согреваемые пустынники и пустынницы не боялись зимнего мраза, будучи одеваемы, как в теплые шубы, в благодатную одежду, от Святаго Духа истканную. Так ведь и должно быть на самом деле, потому что благодать Божия должна обитать внутри нас, в сердце нашем, ибо Господь сказал: "царство Божие внутрь вас есть". Под царствием же Божием Господь разумел благодать Духа Святого. Вот это царствие Божие внутрь вас теперь и находится, а благодать Духа Святого и отвне осиявает и согревает нас и, преисполняя многоразличным благоуханием окружающий нас воздух, услаждает наши чувства пренебесным услаждением, наполняя наши сердца радостью неизглаголанною. Наше теперешнее положение есть то самое, про которое апостол говорит: "царство Божие несть пища и питие, но правда и мир о Духе Святе". Вера наша состоит "не в убедительных человеческия мудрости словесех, но в явлениях духа и силы". Вот в этом-то состоянии мы теперь с вами и находимся. Про это состояние именно и сказал Господь: " суть нецни от зде стоящих, иже не имуть вкусити смерти, дондеже видят царствие Божие, пришедшее в силе"... Вот батюшка, ваше Боголюбие, какой неизреченно радости сподобил нас теперь Господь Бог!.. Вот что значит быть в полноте Духа Святаго, про которую Святый Макарий Египетский пишет: "Я сам был в полноте Духа Святого". Этою-то полнотою Духа Святаго и нас, убогих, преисполнил теперь Господь... Ну, уж теперь нечего более, кажется, спрашивать, ваше Боголюбие, каким образом бывают люди в благодати Духа Святаго!.. Будете ли вы помнить теперешнее явление неизреченной милости Божией, посетившей нас?

— Не знаю, батюшка! — сказал я, — удостоит ли меня Господь навсегда помнить так живо и явственно, как теперь я чувствую, эту милость Божию.

— А я мню, — отвечал мне отец Серафим, — что Господь поможет вам навсегда удержать это в памяти вашей, ибо иначе благость Его не приклонилась бы так мгновенно к смиренному молению моему и не предварила бы так скоро послушать убогого Серафима, тем более что и не для вас одних дано вам разуметь это, а через вас для целого мира, чтобы вы сами утверждались в деле Божием и другим могли бы быть полезными".

В рассказе Мотовилова нет слова "красота", но оно имеется в свидетельстве послушника Иоанна Тихонова (впоследствии игумен Иоасаф), который сообщил следующий рассказ старца Серафима: "Некогда, читая в Евангелии от Иоанна слова Спасителя, что *в дому Отца Моего обители многи суть*, я убогий остановился на них мыслию, и возжелал видеть сии небесныя жилища. Пять дней и ночей провел в бдении и молитве, прося у Господа благодати того видения. И Господь действительно по великой Своей милости, не лишил меня утешения по вере моей, и показал мне сии вечные кровы, в которых я, бедный странник земной, минутно туда восхищенный (*в теле или безтелесно*, не знаю), видел неисповедимую красоту небесную и живущих там: великого предтечу и крестителя Господня Иоанна, апостолов, святителей, мучеников и преподобных отец наших: Антония Великого, Павла Фивейского, Савву Освященного, Онуфрия Великого, Марка Фраческого, и всех святых, сияющих в неизреченной славе и радости, каких *око не видело, ухо не слышало, и на помышления человеку не приходило*, но какия уготовал Бог любящим Его.

С этими словами о. Серафим замолчал. В это время он склонился несколько вперед, голова его с закрытыми очами поникла долу, и простертою дланию правой руки он одинаково тихо водил против сердца. Лицо его постепенно изменялось и издавало чудный свет, и наконец до того просветилось, что невозможно было смотреть на него; на устах же и во всем выражении его была такая радость и восторг небесный, что по истине можно было назвать его в это время земным ангелом и небесным человеком. Во все время таинственного своего молчания он как будто что-то созерцал с умилением и слушал что-то с изумлением. Но чем именно восхищалась и наслаждалась душа праведника — знает один Бог. Я же, недостойный, сподобясь видеть о. Серафима в таком благодатном состоянии, и сам забыл бренный состав свой в эти блаженные минуты. Душа моя была в неизъяснимом восторге, духовной радости и благоговения. Даже доселе, при одном воспоминании, чувствую необыкновенную сладость и утешение".

После продолжительного молчания о. Серафим стал говорить о блаженстве, ожидающем душу праведника в Царстве Божием, и закончил беседу словами: "Там нет ни болезней, ни печали, ни воздыхания, там сладость и радость неизглаголанныя, там праведники просветятся, как солнце. Но если той небесной славы и радости не мог изъяснить и сам батюшка-апостол Павел, то какой же другой язык человеческий может изъяснить красоту горняго селения, в котором водворяются праведные души!"*.

Поэтическое описание мистического опыта, открывающего совершенную красоту Царства Божия, дано Вл. Соловьевым в его стихотворении "Три свидания". На десятом году жизни у Соловьева было видение, повторившееся впоследствии еще два раза и повлиявшее на всю его философскую систему. Возникло оно у него в связи с его первою любовью. Девочка, в которую он был влюблен, оказалась равнодушною к нему. Охваченный ревностью, он стоял в церкви у обедни. Внезапно все окружающее исчезло из его сознания, и то нездешнее, что он увидел, он описывает так в стихотворении, написанном незадолго до смерти:

Лазурь кругом, лазурь в душе моей,
Пронизана лазурью золотистой,
В руке держа цветок нездешних стран,
Стояла ты с улыбкою лучистой,
Кивнула мне и скрылася в туман.
И детская любовь чужой мне стала,

---

* См. книгу В. Ильина "Преподобный Серафим Саровский" <Париж, 1925>, стр.106, 115, 116-123, 125-127.

Душа моя — к житейскому слепа...

То, что он увидел, он истолковал впоследствии как явление Премудрости Божией, Софии — Вечного и Совершенного Женственного начала.

В возрасте 22-х лет Соловьев, желавший изучить "индийскую, гностическую и средневековую философию", увлекаясь проблемою Софии, получил заграничную командировку для подготовки к профессорской деятельности и отправился в Лондон с целью заниматься в библиотеке Британского Музея. В его записной книжке этого времени сохранилась молитва его о нисшествии Пресвятой Божественной Софии. И в самом деле, здесь он испытал во второй раз видение Софии. Однако оно не удовлетворило его своей неполнотою; думая об этом и настойчиво желая видеть ее вполне, он услышал внутренний голос, сказавший ему: "В Египте будь!" Бросив все занятия в Лондоне, Соловьев отправился в Египет и поселился в гостинице в Каире. Пожив там некоторое время, он однажды вечером отправился пешком в Фиваиду без припасов, в городском костюме — в цилиндре и пальто. В двадцати километрах от города он встретил в пустыне бедуинов, которые сначала страшно испугались, приняв его за черта, потом, по-видимому, ограбили его и ушли. Была ночь, слышался вой шакалов, Соловьев лег на землю и в стихотворении "Три свидания" так рассказывает то, что произошло при утренней заре:

И я уснул; когда ж проснулся чутко, —
Дышали розами земля и неба круг.

И в пурпуре небесного блистанья
Очами полными лазурного огня
Глядела ты, как первое сиянье
Всемирного и творческого дня.

Что есть, что было, что грядет вовеки —
Все обнял тут один недвижный взор...
Синеют подо мной моря и реки,
И дальний лес, и выси снежных гор.

Все видел я, и все одно лишь было, —
Один лишь образ женской красоты...
Безмерное в его размер входило, —
Передо мной, во мне — одна лишь ты.

О, лучезарная! Тобой я не обманут!
Я всю тебя в пустыне увидал...
В моей душе те розы не завянут,
Куда бы ни умчал житейский вал.

И в самом деле, система, разработка которой наполнила всю жизнь Соловьева, по мнению многих исследователей, может быть названа "философией Вечной женственности".

Величайшие греческие философы Платон и Плотин, восходя к высшему царству бытия, подобно Соловьеву, не только путем мышления, но и с помощью мистического опыта, характеризуют его как область совершенной красоты. В диалоге "Пир" Сократ передает то, что ему сообщила Диотима о прекрасном: "Что мы подумали бы, если бы кому случилось увидеть само прекрасное ясным, как солнце, чистым, не смешанным, не наполненным человеческой плотью, со всеми ее красками и многой другой смертною суетою, но если бы ему возможно было увидеть само божественное прекрасное единообразным? Как ты думаешь, была ли бы плохою жизнь человека, смотрящего туда, видящего постоянно это прекрасное и пребывающего с ним? Сообрази, что только там, видя прекрасное тем органом, каким его видеть можно, он будет в состоянии рождать не призрак добродетели, но — так как он соприкасается не с призраком — истинную добродетель, — так как он соприкасается с истиною"*.

В диалоге "Государство" (VII книга) Со-

---

* Перевод Жебелева, изд. Academia.

крат говорит: "В области познаваемого идея добра есть высшее и едва доступное созерцанию; но усмотрев ее, нельзя не заключить, что она есть причина всего правого и прекрасного, порождающая в царстве видимого свет и источник света, а в царстве умопостигаемого она господствует, обеспечивая истину и постижение". Свою мысль он поясняет мифом о пещере, в которой находятся скованные люди, могущие видеть на стене пещеры только тени вещей, проносимых за их спиною перед костром; кому-нибудь из них удается, высвободившись из цепей, выйти из пещеры и он, когда глаза его привыкнут к свету, видит солнце и освещенную им живую богатую содержанием, подлинную действительность. В этом мифе высшее сверхмировое начало, идея Добра, сравнивается с солнцем, а царство совершенных умопостигаемых идей с предметами, освещенными солнцем. Московский философ Владимир Эрн, автор замечательной книги "Борьба за Логос" (сборник его статей, изданный в 1911 г.), начал печатать в 1917 г. статью, в которой задался целью показать, что "солнечное постижение" Платона было высшей ступенью его ду-

---

* Эрн, Верховное постижение Платона, Вопр. филос. и псих., 1917, кн. 137-138.

ховного опыта*. Вероятно, в этой статье он пришел бы к мысли, что платоновское царство умопостигаемого соответствует христианскому представлению о Царстве Божием. К сожалению, Эрн умер, не закончив печатание своей статьи.

В философии Плотина над земною действительностью стоят три высшие начала: Единое, Дух и Мировая душа. Во главе всего стоит Единое, которое соответствует платоновской идее Добра. Оно невыразимо в понятиях (предмет отрицательного богословия), и потому, когда Плотин хочет выражаться вполне точно, он называет его Сверхъединым, также Сверхдобрым. Из него происходит Царство Духа, состоящее из идей, которые суть живые существа, и, наконец, третью ступень занимает Мировая душа. Как у Платона идея Добра есть "причина всего правого и прекрасного", так и у Плотина Единое есть "источник и первооснова прекрасного"*. Идеал прекрасного осуществлен в Царстве Духа, умопостигаемую красоту которого Плотин, между прочим, характеризует такими чертами: в этом царстве "всякое существо имеет в себе весь (духовный) мир и созерцает его целиком во всяком другом сущест-

---

* Эннеады, I, 6, 9.

ве, так что повсюду находится все, и все есть все, и каждое есть все, и беспределен блеск этого мира". *"Здесь"*, т.е. у нас на земле, "всякая часть исходит из другой, и остается только частью, *там же* всякая часть происходит из целого, причем целое и часть совпадают. Кажется частью, а для острого глаза, как у мифического Линкея, который видел внутренность земли, открывается как целое"*.

В своей книге "Мир как органическое целое" <М., 1917> (гл. VI) я стараюсь показать, что Царство Духа в системе Плотина соответствует христианскому пониманию Царства Божия как царства любви. Таким образом, и в христианском представлении о мире, и в учении Плотина, завершающем собою все древнегреческое мышление, так как философия Плотина есть синтез систем Платона и Аристотеля**, Царство Божие рассматривается как область, где осуществлен идеал красоты.

---

* Эннеады, V, 8, 4.

** См. об этом книгу Лосева "Античный космос и современная наука", <М.,> 1927.

ГЛАВА 2

Состав совершенной красоты

1. Чувственная воплощенность

Опыт о Царстве Божием, достигаемый в видениях святых и мистиков, заключает в себе данные чувственной, интеллектуальной и мистической интуиции в неразрывном сочетании. Во всех этих трех своих сторонах он представляет собою непосредственное созерцание человеком самого бытия. Однако в человеческом сознании это созерцание слишком мало дифференцировано: очень многие данные этого опыта только сознаны, но не опознаны, т.е. не выражены в понятии. Это одно из глубоких отличий нашей земной интуиции от интуиции, свойственной Божественному всеведению. В Божественном разуме интуиция, как говорит об этом от. П. Флоренский, сочетает дискурсивную расчлененность (дифференцированность) до бесконечности с интуитивною интегрированностью до единства*.

Чтобы поднять на большую высоту знание о Царстве Божием, получаемое в видениях,

---

* Флоренский. Столп и утверждение истины, <М., 1914>, стр. 43.

нужно дополнить его умозрительными выводами, вытекающими из знания основ Царства Божия, именно из того, что оно есть царство личностей, любящих Бога больше себя и все остальные существа, как себя. Единодушие членов Царства Божия освобождает их от всех несовершенств нашего психо-материального царства и, отдавая себе отчет в том, какие отсюда получаются следствия, мы будем в состоянии выразить в понятиях различные аспекты добротности этого Царства, а следовательно, и аспекты, необходимо присущие идеалу красоты.

Красота, как уже сказано, всегда есть духовное или душевное бытие, *чувственно воплощенное*, т.е. неразрывно спаянное с *телесною* жизнью. Словом "телесность" я обозначаю всю совокупность *пространственных* процессов, производимых каким-либо существом: отталкивания и притяжения, возникающий отсюда относительно непроницаемый объем, движения, чувственные качества света, звука, тепла, запаха, вкуса и всевозможные органические ощущения. Во избежание недоразумений надо помнить, что словом "тело" я обозначаю два глубоко отличные друг от друга понятия: во-первых, тело какого-либо субстанциального деятеля есть *совокупность* всех субстанциальных *деятелей*, *подчинившихся ему* для совместной жизни; во-вторых, тело того же деятеля есть *совокупность* всех *пространственных процессов*, производимых им вместе с его союзниками. Путаницы от этого не может произойти, потому что из контекста в большинстве случаев сразу видно, в каком смысле употреблено слово "тело".

В психо-материальном царстве тела всех существ *материальны*, т.е. суть относительно *непроницаемые объемы*, представляющие собою действия взаимного отталкивания этих существ. Отталкивания возникают между ними как следствие их себялюбия. В Царстве Божием ни одно существо не преследует никаких эгоистических целей, они любят все другие существа, как самих себя, и, следовательно, не производят никаких отталкиваний. Отсюда вытекает, что члены Царства Божия не имеют *материальных* тел. Значит ли это, что они бесплотные духи? Нет, никоим образом. Материальных тел у них нет, но они обладают *преображенными телами*, т.е. телами, состоящими из пространственных процессов света, звука, тепла, аромата, органических ощущений. От материальных тел преображенные тела глубоко отличаются тем, что они взаимно проницаемы, и тем, что материальные преграды для них не существуют.

Чувственная воплощенность

В психо-материальном царстве телесная жизнь, состоящая из чувственных переживаний и чувственных качеств, есть необходимая составная часть богатства и содержательности бытия. Высокую ценность имеют бесчисленные органические ощущения, например ощущения насыщения и нормального питания всего тела, ощущения телесного благополучия, бодрости и свежести, телесной жизнерадостности, кинэстетические ощущения, половая жизнь в том ее аспекте, который связан с телесностью, также все ощущения, входящие в состав эмоций. Не меньшую ценность имеют чувственные качества и переживания света, звука, тепла, запахов, вкуса, осязательных ощущений. Все эти телесные проявления имеют ценность не только сами по себе, как цветение жизни, но еще и ту ценность, что они служат *выражением* душевной жизни: явным образом такой характер имеют улыбка, смех, плач, бледнение, краснение, различные виды взгляда, вообще мимика, жесты и т.п. Но и все другие чувственные состояния, все звуки, тепло, холод, вкусы, запахи, органические ощущения голода, сытости, жажды, бодрости, усталости и т.п., суть телесные выражения духовной, душевной или, по крайней мере, психоидной жизни если не самого такого субъекта, как человеческое Я, то по крайней мере тех союзников, например клеток тела, которые ему подчинены.

Тесная связь духовной и душевной жизни с телесною станет очевидною, если принять во внимание следующее соображение. Попробуем мысленно вычесть из жизни все перечисленные чувственно-телесные состояния: то, что останется, окажется абстрактною душевностью и духовностью, столь бледной и лишенной теплоты, что ее нельзя будет считать вполне *действительною*: осуществленное бытие, заслуживающее названия реальности, есть *воплощенная* духовность и *воплощенная* душевность; разделение этих двух сторон действительности может быть произведено только мысленно и дает в результате две сами по себе безжизненные абстракции.

Согласно учению, изложенному мною, чувственные качества света, звука, тепла и т.п., а также вообще все органические ощущения голода, сытости, бледнения, краснения, удушья, освежающего дыхания чистым воздухом, сокращения мышц, переживание движений и т.п., если отвлечь от них наши интенциональные акты воспринимания их, т.е. иметь в виду не акт ощущения, а само ощущаемое содержание, имеют пространственно-временную форму и, следовательно, суть *не психические состояния*, а *телесные*. К области *психичес-*

кого относятся лишь те процессы, которые имеют *только временную* форму без всякой пространственности: таковы, например, чувства, настроения, стремления, влечения, хотения, интенциональные акты воспринимания, обсуждения и т.п.

Психические состояния всегда интимно сплетены с телесными, например чувства печали, радости, страха, гнева и т.п. почти всегда суть не просто чувства, а эмоции или аффекты, состоящие в том, что чувство дополняется сложным комплексом телесных переживаний изменения в биении сердца, дыхания, состояния сосудодвигательной системы и т.п. Поэтому многие психологи не отличают телесной стороны от душевной. Так, например, в конце прошлого века появилась теория эмоций Джемса—Ланге, согласно которой эмоция есть только комплекс органических ощущений[*]. Многие психологи даже отрицают существование интенциональных актов внимания, воспринимания, воспоминания, стремления и т.п.; они наблюдают толь-

---

[*] См. критику таких теорий в моей книге "Основные учения психологии с точки зрения волюнтаризма" <Спб., 1903>, а также мою статью "Психология человеческого Я и психология человеческого тела". Зап. Русск. Научн. Инст. в Белграде <1941>, вып. 17.

ко различия ясности и отчетливости предметов внимания, наблюдают только само воспринимаемое, вспоминаемое, служащее предметом стремления, а не психические акты субъекта, направленные на эти состояния или эти данные.

Кто ясно различает психические, т.е. только временны́е состояния, и телесные, т.е. пространственно-временны́е, тот вместе с тем легко усмотрит, что все телесные состояния творятся деятелями всегда на основе их психических или психоидных переживаний; поэтому всякое чувственное, телесное переживание, взятое в конкретной полной форме, есть *психо-телесное* или, по крайней мере, *психоидно-телесное* состояние. В нашем царстве бытия телесность имеет *материальный* характер: сущность ее сводится к действиям взаимного отталкивания и притяжения, в связи с которыми возникают *механические* движения; субстанциальные деятели производят такие акты целестремительно, т.е. руководясь своими стремлениями к той или иной цели. Следовательно, даже и механические телесные процессы не чисто телесны: все они суть *психо-механические* или *психоидно-механические* явления*.

---

* См. мою статью "Формальная разумность мира", Зап. Русск. Научн. Инст. в Белграде <1938>, вып. 15.

В нашем психо-материальном царстве бытия жизнь каждого деятеля в каждом из его проявлений не вполне гармонична вследствие лежащего в ее основе себялюбия: каждый деятель более или менее раздвоен внутри самого себя, потому что основное его стремление к идеалу абсолютной полноты бытия не может быть удовлетворено никакими действиями, содержащими в себе примесь эгоизма; также и в отношении к другим деятелям всякое эгоистическое существо, по крайней мере отчасти, находится в разладе с ними*. Поэтому и все чувственные качества и чувственные переживания, творимые деятелями психо-материального царства, всегда не вполне гармоничны; они создаются деятелями в сочетании с другими существами посредством сложных актов, среди которых есть и процессы отталкивания, что уже свидетельствует об отсутствии единодушия. Отсюда в составе чувственных качеств нашего царства бытия, наряду с положительными свойствами их, есть и отрицательные — перебои, хрипы и скрипы в звуках, нечистота, вообще та или другая дисгармония.

---

* См. подробно об этом в моих книгах "Условия абсолютного добра" (по-словацки и по-французски "Les conditions de la morale absolue" и "Достоевский и его христианское миропонимание" (по-словацки).

Телесные проявления (разумея под словом "тело" пространственные процессы) сложных существ, таких, например, как человек, никогда в нашем царстве бытия не бывают вполне точным выражением духовно-душевной жизни центрального деятеля, в данном случае человеческого Я. В самом деле, они творятся человеческим Я вместе с подчиненными ему деятелями, т.е. вместе с телом в первом принятом мною значении этого слова (см. выше, стр. 32). Но союзники человеческого Я отчасти самостоятельны, и потому нередко чувственные состояния, творимые ими, суть выражение не столько жизни человеческого Я, сколько их собственной жизни. Так, например, иной раз человек хотел бы выразить своим голосом самую трогательную нежность и вместо того, вследствие ненормального состояния голосовых связок, издает грубые хриплые звуки.

Иной характер имеет преображенная телесность членов Царства Божия. Их отношения друг к другу и ко всем существам всего мира проникнуты совершенною любовью; поэтому никаких актов отталкивания они не совершают и непроницаемых материальных объемов их тела не имеют. Их телесность вся соткана из чувственных качеств света, звука, тепла, ароматов и т.п., творимых ими путем гармоничного сотрудничества со всеми членами Царства Божия. Отсюда понятно, что свет, звук, тепло, аромат и т.п. в этом царстве обладают совершенною чистотою и гармоничностью; они не ослепляют, не жгут, не разъедают тела; они служат выражением не биологической, а сверхбиологической жизни членов Царства Божия. В самом деле, члены этого царства не имеют материальных тел и не обладают органами питания, размножения, кровообращения и т.п., служащими для ограниченных потребностей единичного существа: целью всех их деятельностей служат *духовные* интересы, направленные на творение бытия, ценного для всей вселенной, и телесность их есть выражение их совершенной сверхбиологической духовной жизни. Нет такой силы вне Царства Божия и тем более внутри его, которая препятствовала бы совершенному выражению их духовности в их телесности. Поэтому преображенные тела их можно назвать *духоносными*. Понятно, что красота этого воплощения духа превосходит все встречающееся нам на земле, как это видно из свидетельств св. Терезы, Сузо, св. Серафима.

Мысль, что красота имеется лишь там, где осуществлена именно *чувственная воплощен-*

ность положительных сторон душевной или духовной жизни, принадлежит, по-видимому, к числу особенно прочно установленных тезисов эстетики. Приведу лишь несколько примеров. *Шиллер* говорит, что прекрасное есть единство разумного и чувственного. *Гегель* устанавливает, что прекрасное есть "чувственное осуществление идеи"*. Особенно подробно разработано это учение о чувственном воплощении душевности как необходимом условии красоты в обстоятельном труде Фолькельта "Система эстетики"**. В русской философии это учение высказывают Вл. Соловьев, от. С. Булгаков.

Большинство эстетиков считают только "высшие" чувственные качества, воспринимаемые зрением и слухом, имеющими значение для красоты предмета. "Низшие" ощущения, например запахи, вкусы, слишком тесно связаны с нашими биологическими потребностями, и потому они считаются внеэстетическими. Я буду стараться показать, что это неверно, в следующей главе при обсуждении вопроса о земной красоте. Что же касается Царства Божия,

---

* Hegel. Vorlesungen über die Aesthetik, X B., 1. 1835, стр.144.

** J. Volkelt, System der Aesthetik, I т. 2 изд. 1926; II и III тт. 2 изд. 1925.

опыт св. Серафима и его собеседника Мотовилова показывает, что в Царстве Божием ароматы могут входить в состав эстетически совершенного целого как ценный элемент. Приведу еще свидетельство Сузо. Видение общения с Богом и Царством Божиим, говорит он в своем жизнеописании, доставило ему несказанную "радость о Господе"; когда же видение закончилось, "силы его души были исполнены *сладостного, небесного аромата*, как бывает, когда высыпают из банки драгоценное благовоние, и банка после того все еще сохраняет благовонный запах. Этот небесный аромат еще долго после этого оставался в нем и возбуждал в нем небесное томление о Боге"*.

Вся телесная чувственная сторона бытия есть *внешнее*, т.е. пространственное осуществление и выражение *внутренней*, не имеющей пространственной формы духовности и душевности. Душа и дух всегда воплощены; они действительны не иначе, как в конкретных единичных событиях, духовно-телесных или душевно-телесных. И великая ценность красоты связана не иначе, как с этим целым, заключающим в себе чувственно осуществленную телес-

---

* Цитата из Сузо в книге Н. Арсеньева "Жажда подлинного бытия" <Берлин, б.г.>, стр. 103.

ность в неразрывной связи с духовностью и с душевностью. Н.Я. Данилевский высказал следующий афоризм: "Красота есть единственная духовная сторона материи, — следовательно, красота есть единственная связь этих двух основных начал мира. Т.е. красота есть единственная сторона, по которой она, материя, имеет цену и значение для духа, — единственное свойство, которым она отвечает соответствующим потребностям духа и которое в то же время совершенно безразлично для материи как материи. И наоборот, требование красоты есть единственная потребность духа, которую может удовлетворить только материя". "Бог пожелал создать красоту, и для этого создал материю"*. Нужно только сделать поправку к мысли Данилевского, именно указать на то, что необходимое условие красоты есть *телесность* вообще, а не непременно *материальная* телесность.

---

* Сообщено Н.Н. Страховым в биографии Н.Я. Данилевского при книге его "Россия и Европа", 5 изд., стр. XXXI.

2. Духовность

Идеал красоты есть чувственно воплощенная совершенная духовность.

В предыдущем уже несколько раз приходилось говорить о духовности и душевности. Необходимо теперь дать определение этих двух понятий. Все духовное и душевное отличается от телесности тем, что не имеет пространственной формы. К области *духовного* относится вся та непространственная сторона бытия, которая имеет *абсолютную ценность*. Таковы, например, деятельности, в которых осуществляются святость, нравственное добро, открытие истины, художественное творчество, создающее красоту, а также связанные со всеми этими переживаниями возвышенные чувства. К области духа принадлежат также соответствующие идеи и все те идеальные основы мира, которые служат условием возможности указанных деятельностей, например субстанциальность деятелей, личностное строение их, формальное строение мира, выраженное в математических идеях и т.п. К области *душевного*, т.е. психического и психоидного, относится вся та непространственная сторона бытия, которая связана с себялюбием и имеет лишь относительную ценность.

Из сказанного ясно, что духовные начала пронизывают весь мир и служат его основою во всех его областях. Все душевное и все телесное имеет в своей основе, хотя бы в минимальной степени, духовную сторону. Наоборот, духовное бытие в Царстве Божием существует без всякой примеси душевного и без всякой материальной телесности; совершенные духи, члены Царства Божия, имеют не материальное, а духоносное преображенное тело, и это тело есть послушное средство для реализации и выражения неделимых и неистребимых благ красоты, истины, нравственного добра, свободы, полноты жизни.

3. Полнота бытия и жизни

Идеальная красота Царства Божия есть ценность жизни, осуществляющей абсолютную полноту бытия. Под словом "жизнь" здесь разумеется не биологический процесс, а целестремительная деятельность членов Царства Божия, творящая бытие, абсолютно ценное во всех смыслах, т.е. и нравственно доброе, и прекрасное, и содержащее в себе истину, свободу, мощь, гармонию и т.п.

Абсолютная полнота жизни в Царстве Божием есть осуществление в нем *всех согласи-*

мых друг с другом содержаний бытия*. Это значит, что в составе Царства Божия осуществляется только добротное бытие, никого и ничего не стесняющее, служащее целому, не взаимно выталкивающее, а, наоборот, в совершенстве взаимно проникающее. Так, в духовной стороне жизни деятельность разума, возвышенные чувства и хотения творить абсолютные ценности существуют совместно друг с другом, взаимно проникая и поддерживая друг друга. В телесной стороне жизни все эти деятельности выражаются в звуках, игре цветов и света, в тепле, ароматах и т.п., причем все эти чувственные качества взаимно проникают друг друга и пронизаны осмысленною духовностью.

Члены Царства Божия, творя полноту бытия, свободны от односторонностей, которыми изобилует наша скудная жизнь; они совмещают такие деятельности и качества, которые на первый взгляд кажутся противоположностями, исключающими друг друга. Чтобы понять, как это возможно, нужно принять во внимание различие между индивидуализирующими и

---

* См. у Лейбница о "божественном искусстве", творящем мир согласно "принципу наибольшего количества существования", в статье его "О коренном происхождении вещей". Избр. соч. Лейбница, М., 1890, стр. 133.

противоборствующими противоположностями. Противоборствующие противоположности *реально* противоположны: при своей реализации они стесняют и уничтожают друг друга; таково, например, действие двух сил на один и тот же предмет в противоположных направлениях; наличие этих противоположностей обедняет жизнь. Наоборот, индивидуализирующие противоположности *только идеально* противоположны, именно — они в своем содержании отличны друг от друга, но это не мешает им при реализации быть творимыми одним и тем же существом так, что они взаимно дополняют друг друга и обогащают жизнь. Так, член Царства Божия может проявлять силу и отвагу совершенной мужественности и вместе с тем женственную мягкость; он может осуществлять всепроникающее мышление, пронизанное вместе с тем сильными и разнообразными чувствами. Высокое развитие индивидуальности личностей этого царства сопутствуется совершенным универсализмом содержания их жизни: в самом деле, действия каждой из этих личностей крайне своеобразны, но в них осуществляются абсолютно ценные содержания бытия, имеющие, следовательно, универсальное значение. В этом смысле в Царстве Божием достигнуто *примирение противоположностей*.

4. Индивидуальное личное бытие

В тварном мире, а также в более или менее доступной нам области Божественного бытия высшая ценность есть личность. Всякая личность есть действительный или возможный творец и носитель абсолютной полноты бытия. В Царстве Божием все члены его суть личности, творящие только такие содержания бытия, которые гармонически соотнесены со всем содержанием мира и с волею Божией; каждый творческий акт небожителей есть абсолютно ценное бытие, представляющее собой неповторимый и незаменимый аспект полноты бытия; иными словами, каждое творческое проявление членов Царства Божия есть нечто индивидуальное в абсолютном смысле, т.е. единственное не только по своему месту во времени и пространстве, а и по всему своему содержанию. Следовательно, и сами деятели Царства Божия суть *индивидуумы*, т.е. такие существа, из которых каждое есть вполне своеобразная, единственная, неповторимая и не заменимая другими тварными существами личность*.

---

* Учение об индивидуальном бытии см. в моей книге "Ценность и бытие. Бог и Царство Божие как основа ценностей", гл. II, 5.

Каждая личность в Царстве Божием и даже каждый творческий акт ее, будучи единственным в мире, не может быть выражен посредством описаний, которые всегда состоят из суммы отвлеченных общих понятий; только художественное творчество великих поэтов может найти меткие слова и сочетания их, которые способны, правда, только намекнуть на своеобразие данной индивидуальности и подвести к *созерцанию* ее. Как предмет созерцания индивидуальная личность может быть охвачена лишь единством чувственной, интеллектуальной и мистической интуиции. Всякая личность в Царстве Божием, сполна реализующая свою индивидуальность в творении абсолютных ценностей, поскольку она и ее творения чувственно воплощены, представляет собой *высшую ступень красоты*. Отсюда следует, что эстетика, идеально разработанная так, как это возможно только для членов Царства Божия, должна решать все эстетические проблемы, исходя из учения о *красоте личности как индивидуального чувственно воплощенного существа*. Мы, члены грешного психо-материального царства, имеем слишком мало данных для того, чтобы дать об этой красоте полное точное учение, убедительно опирающееся на опыт. Видения святых и мистиков описаны ими слишком бегло; эстетикой они не занимаются и в своих описаниях, конечно, не задаются целью содействовать разработке эстетических теорий. К вопросу об идеале красоты, осуществленном в Царстве Божием, мы принуждены поэтому подходить лишь отвлеченно с помощью того обедненного опыта, который достигается в умозрении, т.е. в интеллектуальной интуиции.

Что интеллектуальная интуиция есть не конструирование предмета нашим умом, а тоже опыт (созерцание), имеющий в виду идеальную сторону предмета, это ясно всякому, кто знаком с теориею знания, разработанной мною под именем интуитивизма.

5. Аспекты идеальной красоты личности

Высшее по своей ценности основное проявление совершенной личности есть *любовь к Богу*, большая чем к себе, и любовь *ко всем существам* всего мира, равная любви к себе, и вместе с тем бескорыстная любовь также ко всем наличным абсолютным ценностям, к истине, нравственному добру, красоте, свободе и т.п. Возвышенная красота присуща всем этим видам любви в их чувственном воплощении, красота и общего выражения характера каждой такой личности, и всякого акта поведения ее, пронизанного любовью. Особенно значительна красота благоговейного созерцания славы Божией, молитвенного обращения к Богу и прославления Его путем художественного творчества всех видов.

Всякий член Царства Божия причастен Божественному всеведению. Поэтому, любя Бога и все существа, сотворенные им, всякий небожитель обладает совершенною мудростью, разумея под этим словом *сочетание формального и материального разума*. Материальный разум деятеля есть постижение им конечных абсолютно ценных целей мира и каждого существа, соответствующих Божественному замыслу о мире; формальный разум деятеля есть умение найти подходящие средства для достижения целей и использовать объективную формальную разумность мира, обеспечивающую систематичность и упорядоченность мира, без которой невозможно достижение абсолютного совершенства*.

---

* См. мою статью "Формальная разумность мира", Зап. Русск. Научн. Инст. в Белграде, вып. 15.

Обладание не только формальным, но и материальным разумом, т.е. мудростью, обеспечивает разумность всех деятельностей небожителя: они не только целестремительны, но также и отличаются высшей степенью *целесообразности*, т.е. совершенным достижением правильно поставленной, достойной цели. *Мудрость*, *разумность* во всех ее видах, *целесообразность* чувственно воплощенного поведения и сотворенных им предметов есть один из важных аспектов красоты.

Согласно Гегелю, существенный момент идеала красоты есть Истина. Он поясняет, что речь здесь идет не об истине в *субъективном* смысле, т.е. в смысле согласия моих представлений с познаваемым предметом, а об истине в объективном смысле. Об истине в субъективном смысле замечу, что и она имеет отношение к красоте: как видно из предыдущего, чувственно воплощенные деятельности познающего субъекта, в которых обнаруживается его разумность и познавание им истины, суть прекрасная действительность. Но Гегель, говоря об истине в объективном смысле, имеет в виду нечто более значительное, именно ту Истину, которая пишется с прописной буквы. В своих "Лекциях по эстетике" он следующим образом определяет это понятие: Истина в объективном значении состоит в том, что Я или событие реализует в действительности свое понятие, т.е. свою идею*. Если тожества между идеею предмета и его осуществлением нет, то предмет принадлежит не к области "действительности" (Wirklichkeit), а к области "явления" (Erscheinung), т.е. он представляет собою объективацию лишь какой-либо *абстрактной стороны понятия*; поскольку она "придает себе самостоятельность против целости и единства", она может исказиться до противоположности истинному понятию (стр. 144); такой предмет есть *воплощенная ложь*. Наоборот, где имеется тожество идеи и осуществления ее, там находится *действительность*, и она есть *воплощенная Истина*. Таким образом Гегель приходит к учению, что *красота есть Истина*: прекрасное есть "чувственное осуществление идеи" (144).

В связи с красотой разумности необходимо рассмотреть вопрос о ценности сознания и знания. Многие философы считают осознавание и опознавание деятельностями, свидетельствующими о несовершенстве и возникающими в те моменты, когда какое-либо существо страдает. Эдуард Гартманн особенно подробно

---

* Hegel, <ibid.>, X B., I. 1835, стр. 143 с.

развил учение о превосходстве и высоких достоинствах Бессознательного или Сверхсознания в сравнении с областью сознания. С этими учениями можно было бы согласиться лишь в том случае, если бы акты осознания и опознания неизбежно должны были раздроблять сознаваемое или творить низший вид бытия, неподвижного, пассивного, лишенного динамичности. Теория знания, разработанная мною под именем интуитивизма, показывает, что сущность актов осознания и опознания вовсе не ведет с необходимостью к указанным недостаткам. Согласно интуитивизму, интенциональные акты осознания и опознания, будучи направлены на тот или иной предмет, нисколько не изменяют его содержания и формы и лишь прибавляют то, что он становится для меня сознанным или даже познанным. Эта прибавка есть новая высокая ценность, и наличие ее само по себе не может ничему повредить. Надобно однако заметить, что живая действительность бесконечно сложна; поэтому полнота сознания и тем более знания о ней требует в каждом данном случае бесконечного множества интенциональных актов, следовательно, возможна только для Бога и членов Царства Божия, имеющих беконечные силы. Что же касается нас, членов психо-материального царства, мы способны в каждый данный момент совершать только весьма ограниченное количество актов осознания и опознания; поэтому наше сознание и знание всегда неполно, оно всегда отрывочно, фрагментарно. Из этой неполноты, если мы неосторожны и некритически относимся к своему знанию, возникают ошибки, искажения, заблуждения. Вследствие этой неполноты нашего сознания и знания область осознанного бытия по сравнению с областью бессознательного бытия менее органична, менее цельна и т.п. Но это вовсе не означает, что бессознательное выше сознательного. Это означает лишь, что нужно увеличивать свои силы, чтобы возводить на высоту сознания и знания как можно полнее область бессознательной жизни со всеми ее достоинствами, которые ничуть не умаляются от того, что проникаются светом сознания. В разуме Господа Бога и членов Царства Божия, которому присуще всеведение, *все мировое* бытие предстоит как насквозь пронизанное актами осознания и опознания, не подвергнутое отрывочным выборкам, а во всей своей цельности и динамичности.

Полнота жизни, богатство и разнообразие ее гармонически согласованного содержания есть существенная черта красоты Царства Божия. Достигается это богатство жизни, как пояснено выше, путем единодушного *соборного* творчества всех членов Царства Божия. Творческая мощь деятеля и проявление ее в деятельностях, обнаруживающих *гениальность*, есть чрезвычайно высокий элемент идеальной красоты. В Царстве Божием этот момент красоты осуществляется не только в единоличной деятельности небожителей, но и в коллективном, *соборном* творчестве их. Отсюда ясно, что эта красота бесконечно превосходит все, что нам случается наблюдать в земной жизни: и у нас *гармоническое единство социальных деятельностей* дает замечательные проявления красоты, однако гармония эта никогда не бывает полною уже потому, что цели земных социальных процессов в значительной мере содержат в себе примесь эгоистических стремлений.

Произведения соборного творчества, будут ли то поэтические, музыкальные творения или совместные воздействия на грешное царство бытия, благодаря единодушию небожителей, всеведению и всеобъемлющей любви их отличаются высшею степенью *органической целостности*: каждый элемент их гармонически соотнесен с целым и с другими элементами, и эта органичность есть существенный момент красоты.

Все свои действия члены Царства Божия осуществляют *свободно* на основе такого свободного своего проявления, как горячее чувство любви к Богу и ко всем существам. Надобно заметить, что *формальная* свобода, т.е. свобода воздержаться от любого действия и даже от любого хотения и заменить его другим, присуща всем личностям без исключения, даже и потенциальным. Детерминизм есть философское направление, кажущееся в высшей степени научным, а в действительности изумительно слабо обоснованное. В самом деле, единственный сколько-нибудь серьезный довод, который могут привести детерминисты в свою пользу, состоит в том, что *всякое событие имеет причину*. Но этой истины не отвергают и индетерминисты. Это само собой разумеется, что события не могут вспыхивать во времени *сами собою*; всегда есть причина, производящая их. Но если задуматься, что же именно причиняет события, и разработать точное понятие причинности, основанное на опыте, а не на произвольном допущении, то окажется, что именно ссылка на причинность и есть лучший довод в пользу индетерминизма. Подлинная причина события есть всегда тот или другой субстанциальный деятель; он *творит* событие, стремясь к какой-либо ценной с его точки зрения цели.

Только личность, действительная или возможная, т.е. только субстанциальный деятель, будучи сверхвременным, может быть *причиною* нового события; только субстанциальный деятель обладает творческою силою. События сами по себе не могут ничего причинять: они отпадают в прошлое и не могут творить будущего, в них нет творческой силы. Конечно, субстанциальный деятель творит новые события, имея в виду события окружающей среды, собственные предыдущие переживания и ценности, действительные или мнимые, но все эти данные суть только *поводы* для творения им нового события, а не причины. Все они, как можно сказать, пользуясь выражениями Лейбница, "склоняют, но не принуждают" (inclinant, non necessitant) к действию. Увидев на улице плачущего ребенка, взрослый прохожий может подойти к нему, чтобы начать утешать его, но может и воздержаться от этого действия. Он всегда остается господином, стоящим выше всех своих проявлений и выше всех событий. Выбор другого действия всегда осмыслен, т.е. имеет в виду предпочтение другой ценности, однако это предпочтение абсолютно свободно, *ничем не предопределено*. Само собою разумеется, *акт* этого предпочтения все же имеет причину в установленном выше смысле, именно это *событие* возникает *не само собою*, а творится субстанциальным деятелем.

Ошибка детерминиста состоит в том, что он не только опирается на тезис "всякое событие имеет причину", но еще и прибавляет к нему утверждения, будто причиною события служит одно или несколько предшествующих событий и будто за этою причиною событие следует законосообразно, всегда и везде с железною необходимостью. В действительности эти два утверждения совершенно произвольны, никогда и никем не были доказаны и не могут быть доказаны. В самом деле, события, отпадая в прошлое, не могут ничего производить, в них нет творческой силы; что же касается *законосообразного* следования одних событий за другими, такое строение природы никем не доказано: фактически наблюдается только большая или меньшая *правильность* течения событий, но она всегда может быть отменена субстанциальными деятелями и заменена другим течением событий. Детерминисты говорят, что если бы не было причинности как законосообразной связи событий, то невозможны были бы естественные науки, физика, химия и т.п. Они упускают из виду, что для возможности таких наук, как физика, химия, физиология, достаточно большей или меньшей правильности течения событий и вовсе не требуется абсолютная законосообразность их.

Установив господство личности над своими проявлениями, мы показываем, *от чего* она свободна: она свободна от всего, и *формальная свобода* ее *абсолютна*. Но пред нами встает еще вопрос, *для чего*, для творения каких содержаний бытия и ценностей свободна личность. Это — вопрос о *материальной свободе личности*.

Себялюбивый деятель, принадлежащий к царству психо-материального бытия, в большей или меньшей степени обособлен от Бога и других существ. Он не способен к совершенному творчеству и принужден осуществлять свои стремления и замыслы только посредством своей собственной творческой силы и отчасти с помощью временных сочетаний с силами своих союзников; при этом он наталкивается почти всегда на более или менее действенное сопротивление других существ. Поэтому материальная свобода себялюбивого деятеля весьма ограничена. Наоборот, небожитель, творя абсолютно ценное бытие, встречает единодушную поддержку со стороны всех остальных членов Царства Божия; мало того, это соборное творчество небожителей поддерживается еще и присоединением к нему всемогущей творческой силы самого Господа Бога. Вражда сатанинского царства и себялюбие деятелей психо-материального царства не способны препятствовать стремлениям и замыслам небожителей, потому что их дух не подпадает никаким соблазнам и их преображенное тело не доступно никаким механическим воздействиям. Отсюда ясно, что творческая сила членов Царства Божия, поскольку она сочетается с силою самого Бога, безгранична: иными словами, *не только формальная, но и материальная свобода их абсолютна**.

Небожители вполне свободны от чувственных телесных страстей и от душевных страстей обидчивого самолюбия, гордыни, честолюбия и т.п. Поэтому в творческой деятельности их нет и тени внутренней связанности, принуждения, подчинения тягостному долгу: все, что они творят, вытекает из свободной совершенной любви к абсолютным ценностям. Как уже сказано, и внешние препятствия бессильны поставить преграды их деятельности. Стоит только представить себе эту все преодолевающую, безграничную мощь творчества, прони-

---

* См. о материальной свободе членов Царства Божия и о рабстве, в смысле ограниченности материальной свободы, членов психо-материального царства мою книгу "Свобода воли" <Париж, 1927>.

занного любовью к творимому абсолютно ценному содержанию бытия, и станет ясно, что чувственное воплощение ее составляет существенный аспект красоты Царства Божия.

6. Личность как конкретная идея

Все найденные нами аспекты красоты суть необходимые моменты абсолютной полноты жизни. Во главе всех стоит личность, потому что только личность может быть творцом и носителем полноты бытия. В своей глубинной основе личность, как сверхвременный и сверхпространственный субстанциальный деятель, как носитель творческой металогической (т.е. стоящей выше ограниченных определенностей, подчиненных законам тожества, противоречия и исключенного третьего) силы, есть *идеальное* начало. Говоря коротко, личность в своей основе, стоящей выше форм времени и пространства, есть *идея*.

Царство идей открыто было Платоном. К сожалению, у Платона не было разработано учение о двух видах идей — об отвлеченных и конкретных идеях. Приводимые им примеры идей, например математические понятия, понятия родовых сущностей, таких как лошадность, стольность (сущность стола), идея красоты и т.п., относятся к области отвлеченных идей. Даже идеи единичных существ, поскольку речь идет не о самих деятелях, а об их природе, например сократовость (сущность Сократа), принадлежат к области отвлеченных идей. Но отвлеченно-идеальные начала пассивны, лишены творческой силы. Поэтому идеализм, полагающий в основу мира идеи и не выработавший сознательно учения о конкретных идеях, производит впечатление учения о мире как системе мертвого, оцепенелого порядка. В особенности этот упрек может быть направлен против различных видов неокантианского гносеологического идеализма, например против имманентной философии Шуппе, против трансцендентального идеализма марбургской и фрейбургской школы (Коген, Наторп и др.; Риккерт и др.), против феноменологического идеализма Гуссерля.

Идеалистические системы правильно указывают на то, что в основе мира лежат идеальные, т.е. не временны́е и не пространственные начала. Но они не осознают того, что одних отвлеченных идей не достаточно; выше их стоят *конкретно-идеальные* начала, сверхвременны́е и сверхпространственные субстанциальные деятели, действительные и потенциальные личности, творящие *реальное* бытие, т.е. бытие, временно́е и пространственно-временно́е, сообразно отвлеченным идеям. Таким образом отвлеченные идеи, сами по себе пассивные и даже неспособные самостоятельно существовать, получают место в мире, а также смысл и значение благодаря конкретно-идеальным началам: в самом деле, субстанциальные деятели являются *носителями* отвлеченных идей, мало того, нередко они бывают даже и *творцами* их (например, архитектор — творец плана храма, композитор — творец идеи арии, социальный реформатор — творец замысла нового социального порядка) и придают им действенность, осуществляя их в виде реального бытия.

Системы философии, в которых сознательно или, по крайней мере, фактически мир понят как реальное бытие, в основе которого лежат не только отвлеченные, но и конкретные идеальные начала, точнее всего могут быть названы термином "*конкретный идеал-реализм*". В отличие от отвлеченного идеал-реализма, они суть философия жизни, динамичности, свободного творчества*.

---

* О различии между отвлеченным и конкретным идеал-реализмом см. мою книгу "Типы мировоззрений" <Париж, 1931>, глава VII; Abstract and concrete Ideal-Realism, The Personalist, spring, summer <1934>.

Разработав в своей книге "Мир как органическое целое" и в последующих своих сочинениях учение о различии между отвлеченными и конкретными идеями, я все же редко употребляю термин "конкретная идея"; говоря о субстанциальных деятелях, т.е. о личностях, субъектах творчества и познавания, я предпочитаю называть их термином "конкретно-идеальные начала" из опасения, что слово "идея", какие бы прилагательные к нему ни присоединять, вызовет в уме читателя мысль об отвлеченных идеях, вроде идеи трагедии, демократии, истины, красоты и т.п.

Всякое конкретно-идеальное начало, всякий субстанциальный деятель, т.е. личность, есть, как выяснено выше, индивидуум, существо, способное, своеобразно участвуя в мировом творчестве, вместить в себя абсолютную полноту бытия, бесконечно содержательную. Вл. Соловьев говорит, что человеческая личность *отрицательно безусловна*: "она не хочет и не может удовлетвориться никаким условным ограниченным содержанием"; мало того, она убеждена, что "может достигнуть и положительной безусловности" и "может обладать всецелым содержанием, полнотою бытия"*. Не

---
* Чтения о богочеловечестве. Собр. соч., III, 23.

только человеческая, всякая личность, даже и потенциальная, стремится к совершенной, бесконечно содержательной полноте бытия и, будучи связана, хотя бы только в подсознании, со своим будущим совершенством, носит его в себе изначала, по крайней мере как свой идеал, как свою индивидуальную нормативную идею*. Отсюда следует, что все изложенное учение об идеале красоты можно выразить и так. Идеал красоты есть *чувственно воплощенная жизнь личности, осуществляющей во всей полноте свою индивидуальность*; иными словами, идеал красоты есть чувственное воплощение полноты проявлений конкретно-идеального начала; или еще иначе, идеал красоты есть чувственное воплощение конкретной идеи, *осуществление бесконечного в конечном*. Такая формулировка учения об идеале красоты напоминает об эстетике метафизического германского идеализма, в особенности Шеллинга и Гегеля. Рассмотрим вкратце их учения в их сходстве и отличии от изложенных мною взглядов.

Следует упомянуть здесь также имена следующих близких к гегельянской системе эсте-

---

* См. об этом мою книгу "Условия абсолютного добра" (основы этики); по-французски под заглавием "Des conditions de la morale absolue".

тики философов: оригинального мыслителя К.Хр. *Краузе* (1781-1832), "System der Aesthetik", Lpz., 1882; Хр. *Вейссе* (1801-1866), "System der Aesthetik als Wissenschaft von der Idee der Schonheit", Lpz., 1830; Куно *Фишера* (1824-1908), "Diotima. Die Idee des Schönen", 1849 (также дешевое издание в *Reclams Universal-Bibliothek*).

Взгляды, изложенные мною, во многом близки к эстетике Вл. Соловьева, как это будет указано позже.

7. Учения о красоте как явлении бесконечной идеи

Шеллинг в своем диалоге "Бруно", написанном в 1802 г., излагает следующее учение об идее и о красоте. В Абсолютном, т.е. в Боге содержатся идеи вещей, как их первообразы. Идея есть всегда единство противоположностей, именно единство идеального и реального, единство мышления и наглядного представления (Anschauen), возможности и действительности, единство общего и частного, бесконечного и конечного*. "Природа такого единства

---

* Schelling, "Bruno", Philos. Bibl., т. 208, стр. 29-31.

есть красота и истина, потому что прекрасно то, в чем общее и частное, род и индивидуум абсолютно едины, как в образах богов; только такое единство есть также истина" (31 с.). Все вещи, поскольку они суть *первообразы* в Боге, т.е. идеи, обладают вечною жизнью "вне всякого времени"; но они могут для себя, не для Вечного отказаться от этого состояния и придти к существованию во времени" (48 с.); в этом состоянии они суть не первообразы, а только отображения (Abbild). Но даже и в этом состоянии "чем совершеннее вещь, тем более она стремится уже в том, что в ней конечно, выразить бесконечное" (51).

В этом учении об идеях Шеллинг явным образом имеет в виду *конкретно-идеальные* начала, нечто вроде того, что я называю словами "субстанциальный деятель", т.е. личность, потенциальная или действительная. В нем, однако, есть существенные недостатки: под влиянием кантианского гносеологизма все проблемы рассмотрены здесь, исходя из единства мышления и наглядного представления, из отношения между общим и частным, между *родом* и *единичною* вещью, так что понятие индивидуума в точном смысле не выработано. Еще яснее этот гносеологизм выражен в труде Шеллинга, появившемся двумя годами раньше,

"Система трансцендентального идеализма" (1800 г.), где мировая множественность выводится не из творческого акта воли Божией, а из условий возможности знаний, именно из двух деятельностей, противоположных друг другу и состоящих в том, что одна из них стремится в бесконечность, а другая стремится себя в этой бесконечности созерцать"*.

Учение о красоте как чувственном явлении бесконечной идеи в конечном предмете подробнее и обстоятельнее разработано Гегелем в его "Лекциях по эстетике". В основу эстетики он полагает учение об идеале красоты. Искать этого идеала в природе нельзя, потому что в природе, говорит Гегель, идея погружена в объективность и не выступает как субъективное идеальное единство**. Красота в природе всегда несовершенна (184): все природное конечно и подчинено необходимости, тогда как идеал есть свободная бесконечность. Поэтому человек ищет удовлетворения в искусстве; в нем он удовлетворяет свою потребность в идеале красоты (195 с.). Красота в искусстве, по учению Гегеля, стоит выше красоты в природе. В искусстве мы находим проявления *абсолют-*

---

* Schelling, Собр. соч. I отд., III т., 427.
** Hegel, X B., I. 1835, стр. 150.

ного духа; поэтому искусство стоит рядом с религиею и философиею (123). Человек, опутанный конечностью, ищет выхода в область бесконечности, в которой все противоречия решены и достигнута свобода: это — действительность высшего единства, область истины, свободы и удовлетворения; стремление к ней есть жизнь в религии. В эту же область стремятся также искусство и философия. Занимаясь истиной как абсолютным предметом сознания, искусство, религия и философия принадлежат к *абсолютной области духа*: предмет всех этих трех деятельностей есть Бог. Различие между ними заключается не в содержании, а в форме, именно в том, как они возводят Абсолютное в сознание: искусство, говорит Гегель, вводит Абсолютное в сознание путем *чувственного*, непосредственного знания — в наглядном созерцании (Anschauung) и ощущении, религия — более высоким способом, именно путем представления, а философия — наиболее совершенным способом, именно путем свободного мышления абсолютного духа (131 с.). Таким образом Гегель утверждает, что религия стоит выше искусства, а философия — выше религии. Философия, согласно Гегелю, сочетает в себе достоинства искусства и религии: она совмещает в себе объективность искусства в объективности мысли и субъективность религии, очищенную субъективностью мышления; философия есть чистейшая форма знания, свободное мышление, она есть самый духовный культ (136).

Совершенной красоты надо искать в искусстве. В самом деле, красота есть "чувственное явление идеи" (144); искусство очищает предмет от случайностей и может изобразить *идеал красоты* (200). Совершенная красота есть *единство понятия и реальности, единство общего, частного и единичного*, законченная *целостность* (Totalität); она имеется там, где понятие своею деятельностью полагает себя как объективность, т.е. там, где имеется реальность идеи, где есть Истина в объективном смысле этого термина (137-143). Идея, о которой идет здесь речь, не абстрактна, а конкретна (120). В прекрасном и сама идея и реальность ее конкретны и сполна взаимопроникнуты. Все части прекрасного идеально едины, и согласие их друг с другом — не служебное, а свободное (149). Идеал красоты есть жизнь духа как *свободная бесконечность*, когда дух действительно охватывает свою всеобщность (Allgemeinheit) и она выражается во внешнем проявлении; это — *живая индивидуальность*, целостная и самостоятельная (199 сс.). Идеальный художественный образ заключает в себе "светлый покой и блаженство, самодовление", как блаженный бог; ему присуща конкретная свобода, выраженная, например, в античных статуях (202). Высшая чистота идеального имеется там, где изображены боги, Христос, Апостолы, святые, кающиеся, благочестивые "в блаженном покое и удовлетворении", не в конечных отношениях, а в проявлениях духовности, как мощи (226 с.).

Учения Шеллинга и Гегеля о красоте отличаются высоким достоинством. Без сомнения, они всегда будут лежать в основе эстетики, доходящей до последней глубины ее проблем. Пренебрежение к этим метафизическим теориям чаще всего бывает обусловлено, во-первых, ошибочною теориею знания, отвергающею возможность метафизики, и во-вторых, непониманием того, что́ следует разуметь у этих философов под словом "идея". У Гегеля, как и у Шеллинга, слово "идея" означает конкретно-идеальное начало. В своей логике Гегель разумеет под термином *"понятие"* "субстанциальную мощь", "субъект", "душу конкретного". Точно так же и термин "идея" в логике Гегеля обозначает живое существо, именно субстанцию на той ступени ее развития, когда она должна быть мыслима в философии природы как *дух*, как *субъект*, или точнее "как субъект-объект, как единство идеального и реального, конечного и бесконечного, души и тела". Следовательно, идея в специфически гегелевском значении этого термина есть начало не отвлеченное, а *конкретно-идеальное*, то, что Гегель называет "конкретною общностью"*.

Понятие может в процессе самодвижения преобразоваться в идею, потому что и понятие и идея суть ступени развития одного и того же живого существа, переходящего от душевности к духовности.

Вообще надо заметить, что система философии Гегеля есть не отвлеченный панлогизм, а конкретный идеал-реализм. Необходимость такого понимания его учений особенно выяснена в современной русской литературе, в книге И.А. Ильина "Философия Гегеля как конкретное учение о Боге и человеке", в моей статье "Гегель как интуитивист" (Зап. Русск. Научн. Института в Белграде<1933>, вып. 9; Hegel als Intuitivist, Blatter fur Deutsche Philosophie, 1935 <vol. IX, № 1>).

---

* Encycl. I. Th., Die Logik, §§ 160, 163; Wiss. der Logik, изд. Глокнера, IV т., стр. 62; V т., стр. 380. Encycl., I. Th. §§ 213, 214, Encykl. II. Th., Naturphilos. (изд. 1842 г.), VII. B. I. Abth., § 376, стр. 693.

Есть, однако, и серьезные недостатки в эстетике Гегеля. Понимая, что красота в природе всегда несовершенна, он ищет идеала красоты не в живой действительности, не в Царстве Божием, а в искусстве. Между тем, и сотворенная человеком в художественных произведениях красота тоже всегда несовершенна, как и красота природы. Протестантский *абстрактный спиритуализм* сказывается в том, что Гегель не усматривает великой истинности конкретных традиционно-христианских представлений о чувственно-воплощенной славе Господней в Царстве Божием и решается даже утверждать, будто философия с ее "чистым знанием" и "духовным культом" стоит выше религии. Если бы он понимал, что католический и православный *телесно-духовный культ* гораздо более ценен и истинен, чем духовность, невоплощенная телесно, он по-иному оценил бы также и красоту живой действительности. Он увидел бы, что лучи Царства Божия проникают в наше царство бытия сверху донизу; оно содержит в себе хотя бы в зачатке процесс преображения, и потому красота в жизни человека, в историческом процессе и в жизни природы во множестве случаев бесконечно более высока, чем красота в искусстве. Главное отличие системы эстетики, которая будет изложена мною, состоит именно в том, что, исходя из идеала красоты, действительно осуществленного в Царстве Божием, я буду разрабатывать далее учение о красоте главным образом в мировой действительности, а не в искусстве.

Второй существенный недостаток эстетики Гегеля обусловлен тем, что в его философии, которая представляет собою разновидность *пантеизма*, не выработано правильное учение о личности как абсолютно ценном бессмертном индивидууме, вносящем в мир единственные по своему своеобразию и ценности содержания бытия. Согласно эстетике Гегеля, идея есть сочетание метафизической *общности* с определенностью реальной частности (30); она есть единство *общего*, *частного* и *единичного* (141); в идеальном индивидууме, в его характере и душевности, общее становится его *собственным*, даже наиболее собственным (das Eigenste 232). Индивидуальность характера есть его Besonderheit, Bestimmtheit, говорит Гегель (306). Во всех этих своих заявлениях он имеет в виду логические отношения общего (das Allgemeine), частного (das Besondere) и единичного (das Einzelne). В действительности эти отношения характерны для нашего падшего царства бытия, в котором личность не осуществляет своей индивидуальности, и даже, выходя за пределы своей себялюбивой замкнутости, например в нравственной деятельности, чаще всего ограничивается тем, что воплощает в своих добрых поступках лишь *общие правила* морали, а не творит нечто единственное на основании индивидуального акта; в таком состоянии личность в большей части своих обнаружений подходит под понятие "единичного", в котором осуществлено "общее", т.е. она есть *экземпляр класса*. Подлинный идеал индивидуальности осуществлен там, где личность воплощает в себе не общее, а ценности мирового *целого,* и представляет собой *микрокосм* столь своеобразный, что понятия общего и единичного перестают быть применимыми*. Поэтому во избежание недоразумений, говоря о красоте, я не буду пользоваться термином "идея" и поставлю в основу эстетики следующее положение: *идеал* красоты есть красота личности, *как существа реализовавшего* сполна свою *индивидуальность* в *чувственном воплощении* и достигшего *абсолютной полноты жизни* в Царстве Божием.

---

* См. об этом, кроме моей книги "Ценность и бытие", также главу "Человеческое Я как предмет мистической интуиции" в моей книге "Чувственная, интеллектуальная и мистическая интуиция", а также статью "Трансцендентальная феноменология Гуссерля", Путь, сент. 1939.

8. Субъективная сторона эстетического созерцания

Исследуя идеал красоты, мы видели, что красота есть объективная ценность, принадлежащая самому прекрасному предмету, а не возникающая впервые в психических переживаниях субъекта в то время, когда он воспринимает предмет. Поэтому решение основных проблем эстетики возможно не иначе, как в теснейшей связи с метафизикою. Не может однако эстетик совсем обойти молчанием вопрос о том, что происходит в субъекте, созерцающем красоту предмета, и какими свойствами должен обладать субъект, чтобы быть способным к восприятию красоты. Это исследование необходимо, между прочим, и для того, чтобы бороться с ложными теориями красоты. Производя его, мы будем заниматься не только *психологиею* эстетического восприятия, но и *гносеологиею*, а также *метафизикою*.

В высшей степени ценны соображения Гегеля о субъективной стороне эстетического созерцания. Красота, говорит Гегель, рассудком не постижима, так как он односторонне разделяет; рассудок конечен, а красота *бесконечна, свободна*. Прекрасное в его отношении к субъективному духу, продолжает Гегель, существует не для его интеллекта и воли, пребывающих в их *несвободной конечности*: в своей *теоретической* деятельности субъект несвободен в отношении воспринимаемых вещей, считаемых им самостоятельными, а в области *практической* деятельности он несвободен вследствие односторонности и противоречивости своих целей. Такая же конечность и несвобода присущи и объекту, поскольку он не есть предмет эстетического созерцания: в теоретическом отношении он несвободен, поскольку, находясь вне своего понятия, он есть только *частность* во времени, подчиненная внешним силам и гибели, и в практическом отношении он также зависим. Положение меняется там, где происходит рассмотрение объекта как прекрасного: это рассмотрение сопутствуется освобождением от односторонности, следовательно, от конечности и несвободы *как субъекта, так и его предмета*: в предмете несвободная конечность превращена в свободную бесконечность; также и субъект перестает жить только разрозненным чувственным восприятием, он становится в объекте конкретным, он соединяет в своем Я и в предмете абстрактные стороны и пребывает в их конкретности. Также в практическом отношении субъект эстетически созерцающий откладывает *свои* цели: предмет становится для него *самоцелью*, отодвигаются заботы о полезности предмета, устраняется несвобода зависимости, нет желания обладать предметом для удовлетворения конечных потребностей (стр. 145-148).

Без сомнения, прав Гегель, что одним рассудком красота не постижима: для восприятия ее требуется сочетание всех трех видов интуиции, чувственной, интеллектуальной и мистической, уже потому, что в основе высших ступеней красоты лежит чувственно воплощенное индивидуальное бытие личности (о восприятии индивидуальности см. главу "Человеческое Я как предмет мистической интуиции" в моей книге "Чувственная, интеллектуальная и мистическая интуиция"). Но этого мало, раньше, чем акт интуиции возведет предмет для эстетического созерцания из области подсознания в сферу сознаваемого, необходимо освобождение воли от себялюбивых стремлений, *незаинтересованность* субъекта или, точнее говоря, высокая заинтересованность его предметом как самоценностью, заслуживающей созерцания без всяких других практических деятельностей. Само собою разумеется, это увлечение предметом самим по себе сопутствуется, как и всякое общение с ценностью, возникновением

Субъективная сторона эстетического созерцания

в субъекте соответствующего ей специфического чувства, в данном случае — чувства красоты и наслаждения красотою. Отсюда ясно, что созерцание красоты требует участия всей человеческой личности — и чувства, и воли, и ума, подобно тому как, согласно И.В. Киреевскому, постижение высших истин, главным образом религиозных, требует сочетания в единое целое всех способностей человека.

Эстетическое созерцание требует такого углубления в предмет, при котором хотя бы в виде намеков открывается связь его с целым миром и особенно с бесконечною полнотою и свободою Царства Божия; само собою разумеется, и созерцающий субъект, отбросивший всякую конечную заинтересованность, восходит в это царство свободы: эстетическое созерцание есть предвосхищение жизни в Царстве Божием, в котором осуществляется бескорыстный интерес к чужому бытию, не меньший, чем к собственному, и, следовательно, достигается *бесконечное расширение жизни*. Отсюда понятно, что эстетическое созерцание дает человеку *чувство счастия*.

Все сказанное о субъективной стороне эстетического созерцания особенно относится к восприятию идеальной красоты, но мы увидим впоследствии, что и восприятие несовершенной земной красоты обладает такими же свойствами.

Нам могут поставить вопрос: как же узнать, имеем ли мы дело с красотою или нет? В ответе напомню, что каждая личность, по крайней мере в подсознании своем, связана с Царством Божиим и с идеально совершенным будущим, своим собственным и всех других существ. В этом идеальном совершенстве мы имеем абсолютно достоверный масштаб красоты, безошибочный и общеобязательный. Как истина, так и красота непреложно свидетельствует сама о себе. Нам скажут, что в таком случае становятся непонятными сомнения, колебания, споры, возникающие столь часто при обсуждении вопроса о красоте предмета. В ответ на это недоумение укажу, что споры и сомнения возникают не при встрече с идеалом красоты, а при восприятии несовершенных предметов нашего царства бытия, в которых красота всегда тесно сплетена с безобразием. К тому же и сознательное восприятие этих предметов всегда бывает у нас фрагментарным, причем одни люди усматривают в предмете одни стороны, а другие осознают в нем другие стороны.

ГЛАВА 3

Ущербленная красота

Ущербленная красота

Наше психо-материальное царство мира состоит из действительных и потенциальных личностей, более или менее себялюбивых, эгоистичных, т.е. любящих себя больше, чем Бога и чем другие существа, — если не всегда, то во многих случаях. Отсюда в нашем царстве бытия возникает более или менее значительное обособление существ друг от друга и от Бога. К соборному творчеству такие существа неспособны; каждое из них в своей деятельности может использовать только свои силы или, вступив в союз с группой других деятелей, только свои и союзные силы, встречая со стороны других деятелей равнодушие или враждебное противодействие. Абсолютной полноты жизни в нашем царстве бытия не достигает ни один деятель, и потому ни один поступок, ни одно переживание не доставляет нам совершенного удовлетворения; поэтому каждый деятель этого царства есть существо более или менее раздвоенное, лишенное цельности.

Ограниченность творческой силы себялюбивых и потому обособленных деятелей есть в значительной степени утрата ими *материальной свободы*, т.е. различные виды рабской зависимости от среды и даже от собственных недостатков. Особенно тягостно то, что, вступая в союзы с деятелями, стоящими на более низкой ступени развития, деятель более высокий в значительной степени зависит от них как раз в своих высших проявлениях, в мышлении, в художественном творчестве, в общественной деятельности и т.п. Правда, однако, не следует забывать, что даже и на самых низших ступенях падения всякий деятель сохраняет *формальную свободу*, т.е. непредопределенность к одному-единственному способу проявления, способность не совершить данного поступка и заменить его каким-либо другим действием.

Большинство действий себялюбивого существа направлено на усвоение или творение не абсолютных, а только *относительных* ценностей.

Пространственное тело себялюбивых деятелей имеет материальный характер, т.е. состоит из относительно непроницаемых объемов, получающихся вследствие взаимного отталкивания деятелей. Такое тело глубоко отличается от преображенной телесности множеством своих несовершенств.

Упадок творчества существ психо-материального царства стоит в тесной связи со слабым развитием сознания и познавательной деятельности их, что является естественным следствием их обособления друг от друга и от Бога. Даже у такого сравнительно высоко развитого существа, как человек, громадное большинство данных внешнего мира и даже собственных чувств и стремлений остаются подсознательными, а у множества существ, стоящих еще ниже, например в неорганической природе, сознание и знание еще вовсе не развито.

Все перечисленные недостатки психо-материальных существ, в своем конкретном проявлении, достигшем чувственного воплощения, принадлежат к области *эстетически безобразного*, к области того, что противоположно красоте. Отдавая себе отчет в том, как много несовершенств в нашем царстве бытия, и устанавливая тезис, что воплощенное несовершенство, как таковое, всегда есть нечто безобразное, можно подумать, будто отсюда вытекало бы, что наше царство представляет собою сплошное безобразие, что в нем нет никакой красоты. В действительности этот вывод неверен. Как бы ни было глубоко падение какого-либо существа, оно, как сотворенное Богом, сохраняет свои первозданные свойства, которые все имеют абсолютную ценность и служат основанием возможности возрождения и восхождения вверх к порогу Царства Божия, так что в конце концов всякое существо удостоивается от Бога обожения. Эти первозданные свойства суть основы личности: сверхвременная и сверхпространственная субстанциальность, творческая сила, обладание формальными принципами творческой деятельности, совокупность которых может быть обозначена термином "Отвлеченный Логос"*.

Следует также помнить, что каждый деятель есть *абсолютно ценный индивидуум*; и даже в состоянии упадка, когда деятель не способен проявить свою индивидуальность сполна, он подсознательно связан со своим будущим совершенством и для любящего наблюдателя некоторые черты его просвечивают даже сквозь жалкую оболочку. Далее, исходя из правильного учения о природе зла, необходимо отдавать себе отчет в том, что все деятельности, даже и представляющие собою крайнее зло, осуществляются путем злоупотребления силами добра: зло не самостоятельно и паразитирует на добре. Отсюда следует, что весь мир насквозь прони-

---

* См. об этом, например, мою статью "Формальная разумность мира". Зап. Русск. Науч. Инст. в Белграде, вып. 15; см. также мою книгу "Чувственная, интеллектуальная и мистическая интуиция".

зан добром и, поскольку оно воплощено, красотою, но в нашем психо-материальном царстве эта красота неполна, ущерблена: психо-материальное царство насквозь пронизано с одной стороны красотою, с другой стороны — безобразием.

Красота и безобразие не равно распределены в мире: в целом красоте принадлежит перевес. В самом деле, абсолютная красота существует — в Царстве Божием; что же касается абсолютного безобразия, оно не может возникнуть, потому что действительно принадлежать к составу мира может лишь то, в чем есть хоть что-либо положительное, воплощенное.

Абсолютная красота есть совокупность всех абсолютных ценностей, чувственно воплощенных. Если в чувственно воплощенном бытии какая-либо из абсолютных ценностей отсутствует или неполна, например нравственное добро, разумность, истина, свобода, то и красота несовершенна, к ней хотя бы в малой мере примешано безобразие. Профессор Лапшин в своей статье "Ценность красоты"* приводит ряд примеров в пользу мысли, что как бы красив ни был человек, если в его характере есть

---

* В сборнике "Жизнь и смерть" памяти д-ра Н.Е. Осипова, ч. II, Прага, 1936, стр. 43.

какой-либо нравственный изъян, то и красота его окажется несовершенною. Даже и в области низшей, чем человеческая личность, например в обстановке комнат, существует эта связь красоты с другими ценностями. В романе Драйзера "Гений" есть описание великолепной студии морально неустойчивого художника Юджина Витла. В красиво обставленной комнате находилось огромное распятие из темного дуба с телом истекающего кровью Христа. Распятие стояло в углу "позади двух гигантских восковых свечей в высоких массивных канделябрах. Когда зажигали свечи, погасив предварительно все другие огни, их колеблющийся унылый свет придавал особенную красоту веселому сборищу гостей". В той же комнате был "черного мрамора пьедестал с желтым мраморным бюстом Нерона, сладострастное дегенеративное лицо которого мрачно хмурилось на мир" (кн. II, гл. X, 41). Красота этой комнаты, без сомнения, терпит ущерб от безвкусного помещения бюста Нерона в том целом, в составе которого столь видное место занимало распятие Христа.

Защищаемая мною теория красоты не есть односторонний морализм: отсутствие или ослабление не только нравственной, но и любой другой положительно ценной слагаемой бытия, например разумности, свободы, силы и т.п., сопутствуется ущерблением красоты. Из этого вовсе не следует, будто красота не есть особая своеобразная ценность, будто она *тожественна* всем другим положительным ценностям. Правда, красота никогда не существует сама по себе, без других положительных ценностей, она всегда *координирована* с какою-либо другою положительною ценностью, но вместе с тем она глубоко отличается от каждой из них: в самом деле, красота есть особая, специфическая ценность, присущая чувственному воплощению положительных ценностей. Отсюда следует, что красота всегда есть *надстройка* над другими положительными ценностями: она есть ценность *фундированная*, т.е. обоснованная на других ценностях. То же самое нужно сказать и о безобразии: оно всегда существует не само по себе, а в связи с какою-либо другою отрицательною ценностью, в связи с нравственным злом или глупостью или слабосилием и т.п., но оно не тожественно этим видам несовершенства; безобразие есть специфическая, новая отрицательная ценность, присущая чувственному воплощению других отрицательных ценностей. Иными словами, безобразие есть надстройка над другими отрицательными ценностями: оно есть отрицательная ценность фундированная, т.е. обоснованная на других отрицательных ценностях.

Гегель ошибается, утверждая, что красота в искусстве стоит выше красоты в природе, потому что в искусстве имеются проявления абсолютного духа. Многие области природы суть творение духов гораздо более высоких, чем человек, а первозданные основы природы сотворены самим Господом Богом, т.е. Абсолютным духом. С другой стороны, конечно, многие процессы в природе суть проявления духов и души весьма несовершенных, даже часто низменных. Но и в искусстве весьма многое относится к области не только совершенного, но и низменного. Говоря общее, т.е. имея в виду не только природу, но вообще область действительности в противоположность области предметов, творимых фантазиею в искусстве, необходимо признать, что более высокие ступени красоты находятся в действительности, особенно в жизни человека, человеческих обществ и сверхчеловеческих существ.

Само собою разумеется, и безобразие встречается в действительности в более тяжелых формах, чем в искусстве. Однако необходимо иметь в виду, что всякое безобразие в мире преодолевается не только путем воображения, но и реально. В самом деле, конкретная чувственная воплощенность любого несовершенства содержит в себе в самом составе своего безобразия выражение своей несамостоятельности, слабости и обреченности на уничтожение; это трагический или комический или трагикомический и т.п. характер всякого несовершенства; эти моменты имманентного крушения всякого безобразия суть уже эстетически положительная сторона в нем. Но этого мало, в том деятеле, который творит нечто несовершенное и, следовательно, безобразное, неизбежно существует недовольство или, по крайней мере, неполное удовлетворение своею деятельностью, потому что каждый деятель стремится к полноте жизни и всякий поступок, руководимый себялюбием, оказывается не дающим полноты жизни. Также и эта субъективная реакция деятеля на свое собственное несовершенство и безобразие есть имманентная слагаемая несовершенства, гарантирующая отмену его, которая должна наступить рано или поздно. Наконец, на известной высокой ступени развития у действительной личности возникает не просто недовольство своею жизнью, но и осуждение своего поступка и своего характера в виде угрызений совести, раскаяния и тому подобных переживаний. Все такие моменты несовершенства уменьшают его безобразие и вносят в него эстетически положительный аспект.

Далее, если выйти за пределы данного несовершенства и его безобразия и взять более широкий отрезок действительности вместе с реакциями среды и соотношением ее с безобразным явлением, то становится наглядною *осмысленность* мира, именно такая связь его свойств и процессов, которая ведет к преодолению несовершенства и его безобразия. Этот состав мира и его строение в его чувственно данной конкретности есть высокая сторона красоты мира. Наконец, мир в целом, в его связи с Царством Божиим и восстановлением в нем всех падших существ, есть уже воплощение идеала красоты, несмотря даже на то, что в это целое входит и история преходящего несовершенства некоторой его части: настолько величественно и прекрасно завершение этого целого"*.

Красотою всего мира и сочетанием красоты и безобразия повсюду в том царстве мира, где мы живем, объясняется следующее явление. У святых, у подвижников, у странников, живущих непрестанною мыслью о Боге, часто встре-

---

* Подробнее об этом строении мира см. мои книги "Условия абсолютного добра" (основы этики) и "Бог и мировое зло" (основы теодицеи).

чается обостренное восприятие всюду разлитой в природе красоты. Неизвестный автор замечательной книжечки "Откровенные рассказы странника своему духовному отцу" рассказывает: "Когда я начинал молиться сердцем, все окружающее меня представлялось мне в восхитительном виде: древа, травы, птицы, земля, воздух, свет, все как будто говорило мне, что существуют для человека, свидетельствуют любовь Божию к человеку, и все молится, все воспевает славу Богу" (Рассказ второй). Но бывает и обратное явление — склонность видеть разлитое повсюду безобразие. В "Ревизоре" Гоголя в конце городничий восклицает: "Ничего не вижу: вижу какие-то свиные рыла вместо лиц, а больше ничего". У самого Гоголя, по-видимому, часто бывало такое восприятие мира.

Если всякая положительная ценность, будучи чувственно воплощенною, приобретает еще и ценность красоты, то может кому-либо прийти в голову мысль, что красота должна быть высшею целью поведения. Это, однако, неверно. Красота есть *следствие** осуществления других положительных ценных содержаний и сторон бытия, и целью поведения должны быть

---

* О том, что красота есть следствие, говорит Бозанкет в "A History of Aesthetics" <New York, 1904>, с. 431.

они, а красота есть как бы дополнительная награда, надстраивающаяся над ними. Так, например, если бы кто-либо стал оказывать помощь раненому при крушении поезда не прямо и непосредственно из человеколюбия, а еще и с целью совершить *красивый поступок*, это было бы извращением и поступок приобрел бы характер манерности, преувеличения и т.п. оттенков эстетического безобразия. Отсюда, между прочим, становится ясным, насколько ложна этика, пытающаяся свести нравственность к красоте.

Точно так же, если бы ученый стал производить свои исследования не прямо и непосредственно из любви к истине, а еще и с целью осуществлять таким образом красивую жизнь, его поведение в значительной степени утратило бы свою красоту. "Красота любит, чтобы видели ее, но не любит, чтобы на нее указывали", говорит Мережковский*. Вообще всякий крайний эстетизм есть извращение, подобное тому, которое встречается в нравственной жизни и называется фарисеизмом. В нравственной жизни оно состоит в том, что, например, человек оказывает помощь больному не столько из человеколюбия, сколько для того, чтобы совершить "добро".

---

* Толстой и Достоевский, 4 изд., стр. 301.

ГЛАВА 4

Состав несовершенной красоты

1. Различие между составом идеальной и составом ущербленной красоты

Все слагаемые, необходимые для абсолютной полноты жизни и совершенной красоты, входят также и в состав ущербленной красоты, но не во всей своей совокупности сразу, а большею частью разрозненно. О каждой из этих слагаемых мы будем говорить и в настоящей главе, однако из этого не следует, что она будет простым повторением главы второй. Элементы красоты подвергаются снижению в нашем царстве бытия и требуют выражения во многих таких понятиях, которые не применимы к Царству Божию. Особенно важно то, что к абсолютно ценному бытию в нашем царстве присоединяется очень много содержаний бытия, имеющих только относительную ценность; тем не менее, поскольку в них есть положительная сторона, воплощение ее также имеет ценность красоты. Отсюда возникает много проблем, недоразумений и запутанностей, которые необходимо расследовать.

2. Чувственная воплощенность

Чувственная воплощенность внутренней жизни есть необходимый аспект не только идеальной красоты Царства Божия, но и ущербленной красоты царства психо-материального бытия. Но существует глубокое различие между воплощающеюся внутренней жизнью Царства Божия и нашего царства бытия. В Царстве Божием эта внутренняя жизнь состоит сполна из духовных деятельностей, творящих или усваивающих абсолютные ценности, а в нашем царстве она лишь отчасти имеет характер *духовности*, а в остальном представляет собою *душевность* в различных видоизменениях ее, о которых речь будет дальше. Душевность заключает в себе момент себялюбия, следовательно, несовершенства, и потому чувственные качества, с которыми она связана, содержат в себе в большей или меньшей степени соответствующие недостатки, указанные уже выше: хрипы в звуках, нечистоту красок, всевозможные дисгармонии. В Царстве Божием чувственная телесность есть вполне точное внешнее выражение внутренней жизни духа, а в психо-материальном царстве вследствие неполного единодушия высшего деятеля с подчиненными ему союзниками, образующими его организм, совершенной адекватности между внутреннею жизнью высшего деятеля и внешним явлением ее нет.

Напомню, что согласно интуитивизму, чувственные качества — цвета, звуки, твердость, мягкость, тепло, холод, запахи, вкусы и т.п. суть качества самого телесного бытия, а вовсе не субъективные психические реакции; зеленый цвет листьев березы и белизна ее коры при дневном свете, шелест ее листьев, нежный аромат ее весенних только что распускающихся листочков — все это существует не в уме наблюдателя, а в самой березе, в самой окружающей нас природе. Сказочное великолепие природы, выражающееся в красках, звуках, ароматах, есть выражение ее собственной жизни, независимое от того, воспринимает ли ее человек или нет. Философ и физик Фехнер, развивая это учение против тех теорий материальной природы, согласно которым она бескрасочна, беззвучна, вообще лишена эстетического чувственного содержания, назвал свое понимание природы словом Tagesansicht (дневная точка зрения), а противоположное учение словом Nachtansicht (ночная точка зрения).

Недоуменный вопрос, какое же значение имеют органы чувств, если чувственные качества существуют в природе независимо от них, разрешается следующим образом. Раздражение глаза световыми лучами, уха звуковыми волнами, вообще раздражение органов чувств не порождает цветов, звуков и т.п., а только служит для наблюдателя стимулом *обратить внимание* на цвета, звуки и т.п., существующие в самих окружающих его предметах. Это учение о сравнительно второстепенной роли органов чувств и мозга при восприятии внешних предметов остроумно развил в наше время *Бергсон* в книге "Материя и память". Но к этой мысли многие философы подходили уже давно. Так, *Шеллинг* в своей "Системе трансцендентального идеализма", говорит, что вследствие аффицирования нашего организма возникает не представление предмета, а только сознавание, направленное на предмет (III т., собр. соч., стр. 497). *Гегель* рассуждает как интуитивист, говоря, что мы "видим двумя глазами одно, потому что на одно смотрим" (Энц. философ. наук, собр. соч., т. VII, 601); для Гегеля, очевидно, два глаза это две двери, через которые мы подходим к одному предмету. *Шуппе* и *Рикерт* (в статье "Психофизическая причинность и параллелизм") смотрят на роль органов чувств так же, как Шеллинг; и в русской философии аналогичную мысль высказывает проф. *Лопатин* в своих литографированных лекциях по "Психологии".

Все ли чувственные качества могут быть слагаемыми красоты или только воспринимаемые зрением и слухом? В Царстве Божием, как сказано выше, конечно, все чувственные качества суть ценные моменты красоты; но глубокое отличие этого царства от нашей области бытия состоит в том, что в нем нет физиологических процессов, а следовательно, нет и тех чувственных переживаний, например жажды, голода, сексуальности, необходимым условием которых служит биологическая жизнь: в Царстве Божием вся жизнь имеет сверхбиологический характер. Что же касается нашего царства бытия, в нем тоже все чувственные качества могут быть элементами красоты, но, конечно, органические ощущения, служащие выражением физиологических процессов, всегда заключают в себе также примесь безобразия.

Прекрасные примеры эстетического значения "низших ощущений" приводит *Гюйо* в своей книге "Les problèmes de l'esthétique contemporaine" <Paris, 1884>. Напомню один из них. "Летом после прогулки в Пиренеях, очень утомившись, я встретил пастуха и попросил у него молока; он принес из своей хижины, под которой протекал ручеек, кувшин молока, стоявший в воде при температуре почти ледяной; когда я пил это молоко, воспринявшее в себя аромат всей горы, и каждый сладостный глоток возрождал меня, я испытывал, конечно, ряд ощущений, для обозначения которых слово "приятный" недостаточно. Это была как бы пасторальная симфония, воспринятая не ухом, а органом вкуса" (стр. 63). Эстетическое переживание Гюйо не следует объяснять ссылкою на ассоциации, которые могли, присоединяясь к предмету внеэстетическому, дополнить его подлинно эстетическим содержанием. У Гюйо, очевидно, было восприятие гармонического целого жизни природы и человека, и это целое несомненно было прекрасным в самой живой своей действительности, а не на основании присоединившихся к нему воспоминаний.

Много примеров эстетического значения "низших" ощущений дает Фолькельт в своей "System der Aesthetik". "В эстетическое впечатление рыночного зала" (вспомним, например, парижский рынок, так прекрасно изображенный в романе Золя) "входят также запахи от овощей, мяса, рыб, сыра. Можно иногда художественным взором смотреть на комнату больного, на тело, окруженное горящими свечами и венками. В таких случаях, без сомнения, в художественное общее впечатление входят всевозможные пресные, неопределенные, слабые запахи, а также тяжелые, сгущенные жутко пересыщенные запахи". Или вспомним столь различные случаи, как следующие: "полное испарений после проливного дождя плодородное поле, запах сена осенью" (после косьбы острый запах только что срезанной травы, через несколько дней — аромат подсыхающего сена), лавку, полную свежих печений, общество мужчин, курящих тонкие сигары, духи салонной дамы, открытый комод с бельем, комнату с зажженною рождественскою елкою". Запах имеет большее значение, чем вкус, говорит Фолькельт; однако и вкус имеет значение, особенно в соответствующей обстановке, например вкус благородного вина "среди веселого, плодоносного ландшафта" или сок вишен, персиков, груш в саду. Теплота также может быть слагаемою красоты, например при восприятии "домашнего уюта от теплоты мощной изразцовой печи". Что касается осязательных ощущений, Фолькельт сомневается в их пригодности для эстетического восприятия, потому что, испытывая их, трудно освободиться от "впечатления вещественности" (I т., 113-116). Я бы напомнил, однако, о тех доступных осязанию чувственных качествах, которые на основании прошлого опыта входят в состав зрительного восприятия нежной ткани, пушистого меха и т.п.

Хотя Фолькельт и высоко ценит эстетическое значение "низших" ощущений, все же, по его мнению, существует глубокое различие в этом отношении между ними и высшими ощущениями. Цвета, пространственные формы и звуки, говорит он, могут *сами* быть эстетически ценными, тогда как низшие ощущения, например аромат розы, только в составе какого-либо целого содействуют эстетическому впечатлению. Зрительные и слуховые ощущения могут быть воспринимаемы без сосредоточения на "вещественности" (Stofflichkeit), и потому предмет их может иметь, говорит Фолькельт, характер чего-то "кажущегося", "предстоящего только как образ" (Scheinhaftigkeit, Bildmässigkeit); далее, зрительные и слуховые ощущения не сплетаются тесно с телесностью наблюдателя их, в них предмет стоит *перед* субъектом; все эти свойства их благоприятны для возникновения "незаинтересованного" и "свободного настроения" (105-110).

Соображения Фолькельта о том, что для эстетического впечатления нужны дематериализация и дезэкзистенциализация (только "кажимость") предмета, будут рассмотрены позже. Здесь же отмечу лишь, что у нас, людей, запахи и вкусы действительно так плохо опознаются, что предмет в них не "предстоит" нам; но существа высшего порядка, вероятно, усматривают в этих чувственных качествах самую глубинную сущность предмета еще лучше, чем мы наблюдаем ее, например, в эмоционально окрашенных звуках. Запахи и вкусы очень тесно связаны с нашими биологическими и вообще чувственными интересами; поэтому они легко возбуждают в нас вожделение или отвращение, при которых трудно сохранить свободу духа, необходимую для эстетического созерцания; из этого, однако, вовсе не следует, что в них нет объективной эстетической ценности; соображения, приведенные Фолькельтом, указывают лишь на *субъективные психические* трудности эстетического восприятия предметов, выражающих себя в запахах, вкусах, но не доказывают меньшей их эстетической ценности, чем цвета, звуки и пространственные формы.

3. Духовность и душевность

Под словом "духовное" мы разумеем всю ту непространственную сторону бытия, которая имеет *абсолютную положительную ценность*. Отсюда следует, что все духовное, *будучи воплощено*, всегда имеет ценность красоты. Таковы, например, святость, осуществление нравственного добра, искание и открытие истины и т.п.

Часто случается слышать, как, говоря о каком-либо человеке, имеющем жалкое невзрачное тело или тело, изможденное болезнью, отмечают, что он обладает чисто "духовною красотою", а тело у него некрасивое. Согласно всему изложенному выше, такое утверждение есть неточное выражение истины. Все положительное внутреннее приобретает характер красоты не иначе, как в связи со своим телесным воплощением. Следовательно, и всякая духовная красота есть непременно духовно-телесная. Если у человека в жалком и на первый взгляд совершенно некрасивом теле живет высокий дух, то мы имеем дело со сложным целым; в нем душевно-биологический аспект некрасив, но в моменты вдохновения при художественном творчестве, или в моменты благоговейной религиозной жизни, или при осуществлении деятельной любви выражение глаз, улыбка, вообще мимика, движения, гармоническое соотношение частей тела, чувственно выражающее соответствующую духовность, представляет собою духовно-телесную красоту.

Словом "душевное" (психическое, психоидное) мы обозначаем все те непространственные процессы и состояния, которые связаны, хотя бы в малой степени, с себялюбием и потому имеют лишь относительную ценность. Отсюда ясно, что в области душевной жизни каждое воплощенное конкретное целое содержит в себе, хотя бы в малой степени, эстетически отрицательный аспект, но, с другой стороны, в нем есть и положительные моменты, имеющие характер красоты в различных степенях и видах ее. Всякая целестремительная деятельность, хотя бы она и далеко отстояла от абсолютной полноты совершенной жизни, все же есть какая-либо ступень *жизни* и потому в большей или меньшей степени причастна красоте. Положим, на улице стоит группа детей от шести до восьмилетнего возраста; они оживленно обсуждают что-то, один из них убеждает в чем-то своих товарищей, другой наклоняет головку, вслушиваясь в его речь, у третьего является жест сомнения; сколько прелести в такой группе. Но и гораздо более примитивные ступени жизни, чисто *биологической*, таят в себе значительную красоту. Трехлетний, например, ребенок гуляет со своею матерью и время от времени идет вприпрыжку, грациозно размахивая руками; такие выражения чувства жизнерадостности в высокой степени красивы.

Говорят иногда о чисто "физической красоте" без всякого внутреннего содержания. Это неверно. Согласно персоналистической метафизике, весь мир состоит из потенциальных и действительных *личностей*; всякое внешнее, физическое проявление их обусловлено внутренними переживаниями их и творится ими для осуществления какого-либо *стремления* их, т.е. достижения какой-либо цели. Таким образом, вся природа насквозь пронизана жизнью. Персонализм есть непременно также и *панвитализм*. Но, конечно, внутренняя сторона жизни, душевность природы, очень часто глубоко отличается от психической жизни человека, и притом в двух направлениях: душевность в низших, чем человек, ступенях природы более проста, чем у человека, и обозначается термином "психоидные процессы"; например, так обстоит дело во всей неорганической природе, в жизни кристаллов, молекул, атомов, электронов, протонов и т.п.; наоборот, душевность высших ступеней природы более сложна, чем у человека, и часто человеческая душевность входит в состав ее как подчиненный элемент; такова, например, душевность социальных целых или душевность целой нашей планеты, Земли, входящая в обширную область *гиперпсихического*. Что же касается таких предметов, как, например, машина, вообще вещи, создаваемые искусственно человеком, о том, есть ли у них внутренняя жизнь, будет сказано позже.

Фолькельт говорит, что особенно важный фактор красоты есть "душевное внутреннее, ставшее внешним, как выражение" (141). С этою формулою можно согласиться, видоизменив ее и прибавив к ней одну существенную оговорку. Согласно персонализму, конкретный состав мира есть "духовная и душевная внутренняя жизнь, достигнувшая телесного воплощения, т.е. внешнего выражения"; при этом под словом "душевный" разумеется не только психическое, но и психоидное, а также самое разнообразное гиперпсихическое.

И весь этот состав мира имеет эстетическую ценность, однако она двоякая; внутреннее, ставшее внешним, может быть красотою, но может быть и безобразием.

4. Данность чужой духовности и душевности в интуиции

Для эстетического восприятия действительности необходимо созерцать внешнюю телесность предметов вместе с оживляющею ее или, во всяком случае, дающею ей смысл внутреннею стороною предмета, т.е. вместе с его духовною основою или вместе с его духовною и душевною жизнью. Поэтому для эстетики существенно важен ответ на вопрос, как мы узнаем о чужой внутренней жизни. Для краткости будем говорить здесь преимущественно о душевной жизни; все, что будет сказано о познавании ее, относится также и к знанию о духовной жизни.

Согласно интуитивизму, чужие душевные переживания, когда мы направляем на них свои интенциональные акты внимания и различения, осознаются и опознаются нами в подлиннике: мы их непосредственно созерцаем. Когда ребенок прищемит пальчик дверью и жалобно плачет, вместе со звуками его плача и стонов вступает в кругозор сознанного нами также и само его страдание. Учение о непосредственном восприятии чужой душевной жизни довольно редко встречается в философии. В современной литературе укажу на труды Бергсона, Лютославского, М. Шелера и на мою статью "Восприятие чужой душевной жизни"*.

---

* H. Bergson, Matière et memoire <Paris>, 1896; W. Lutoslawski, Seelenmacht <Lpz.>, 1899; M. Scheler, Über den Grund zur Annehme der Existenz des fremden Ich, приложение к его книге "Zur Phänomenologie und Theorie der Sympathiegefühle" <Bonn>, 1923; моя статья в русском "Логосе", 1914, т. I, вып. 2; потом в сборнике моих статей

Для философов, полагающих, что всё имманентное моему сознанию всегда и непременно есть *моё* душевное состояние, проблема знания о чужой одушевлённости представляет собою непреодолимые трудности. До недавнего времени наиболее распространена была теория умозаключения о чужой одушевлённости по аналогии: наблюдаемые мною чужие телесные проявления сходны с моими телесными проявлениями, например гнева, печали, восторга и т.п.; поэтому я по аналогии умозаключаю, что под чужими телесными проявлениями кроются также и душевные переживания, сходные с моими.

Т. Липпс подвергнул теорию умозаключений по аналогии уничтожающей критике и поставил на место её новое учение, которое назвал теориею "вчувствования" (Einfühlung)*. Наше представление о чужих телах как одушевлённых Липпс весьма своеобразно объясняет, исходя прежде всего из *инстинкта подражания*.

"Основные вопросы гносеологии", Петроград, 1919, теперь она включена в мою книгу "Чувственная, интуитивная и мистическая интуиция", 1938.

* Th. Lipps, Psychologische Untersuchungen, <Lpz., 1907-1912>, I т., 4 вып., статья "Das Wissen von fremden Ichen".

Видя чужой зевок, говорит Липпс, мы испытываем влечение к такому же акту; при виде мимики гнева у нас является влечение к таким же выразительным движениям; "таким образом в *чужой* мимике я воспринимаю самого *себя* как собирающегося произвести ее" (там же, стр. 717); но эти выразительные движения суть момент подлинного гнева; "поэтому с тенденциею выражения аффекта связана тенденция не только представлять аффект, но и вновь *переживать* его" (там же, 719); "и вот теперь этот аффект "лежит" в воспринятой мною мимике, и притом лежит для меня в ней необходимо"; "благодаря влечению к подражанию мимике аффект связался с воспринятою мимикою, и притом не как нечто присоединенное, а как нечто непосредственно сопринадлежное с ней" (там же, 718). Липпс замечает, конечно, что таким образом он объяснил лишь врастание в чужую мимику тенденции к переживанию *моего* гнева, но еще не убеждение в существовании чужого Я как *действительного*, и потому задается вопросом, что такое это убеждение. По его мнению, это убеждение есть необъяснимый далее и ни на что более не сводимый факт *веры* (721, 722).

Теория вчувствования получила чрезвычайно широкое распространение. Она весьма остроумна, но замечательно то, что она обладает всеми теми же недостатками, какие сам творец ее нашел в оспариваемой им теории умозаключения по аналогии.

Главное возражение против теории вчувствования, развитое в моей книге "Чувственная, интеллектуальная и мистическая интуиция", заключается в следующем: влечение к подражанию возникает у нас на основании восприятия заражающей меня чужой активности, динамичности, т.е. *внутренней жизни*; значит, подражание есть *следствие* представления о чужой одушевленности, а не *основание* для возникновения этого представления. Подробную критику теории вчувствования и изложение теории интуитивного, т.е. непосредственного восприятия чужих душевных проявлений в подлиннике можно найти в статье Шелера и в моей статье. Я не буду излагать здесь этих статей, а займусь лишь указанием следствий, которые вытекают для системы эстетики из принятия в основу ее той или другой из этих теорий. Примером эстетики, основанной на теории вчувствования, будут мне служить учения Фолькельта.

Вся внутренняя жизнь предмета, эстетически созерцаемая нами, согласно Фолькельту, вложена нами в предмет путем вчувствования;

иначе говоря, она есть наша собственная душевная жизнь, оторванная нами от нашего Я и проецированная во внешний предмет (I, 185). Это не означает, что вчувствованные душевные состояния суть только *повторения* моих переживаний: Фолькельт, вместе с М. Гейгером, допускает "творческую, каузальную функцию вчувствования", осуществляемую нами, например, для понимания Лира, Макбета, Фауста и т.п. (I, 176, 181). Трудно понять, как может функция вчувствования быть *творческою*. Не будем, однако, пускаться в споры по этому поводу. Даже и приняв это допущение, все равно приходится признать, что, пользуясь теориею вчувствования для ответа на вопрос о познании чужой одушевленности, Фолькельт принужден *субъективировать*, *психологизировать* и *антропологизировать* весь состав эстетического восприятия, тем более что и чувственные качества, цвета, звуки и т.п. он также считает психическими состояниями созерцающего красоту человека (I, 14). Таким образом, согласно Фолькельту, эстетическое созерцание есть "всегда самопереживание" (Selbsterleben). Все опытные основы эстетики, говорит Фолькельт, "имеют психологическую природу" (34); таковы не только переживания самого эстетика и других лиц, но и сами предметы искусства и природы, потому что они имеют эстетическую ценность "не в их физической природе, а как данное в полной выражения чувственной форме", т.е. как нечто душевное (41).

Отсюда ясно, что красота природы, по учению Фолькельта, существует не в самой природе, а в сознании человека: чувственный облик предмета состоит из субъективных ощущений наблюдателя, и к ним присоединяются "вчувствованные" им душевные состояния, благодаря прибавке которых скала представляется как нечто "грозное", ель "гордо и свободно вздымается", ручей "бодро бежит" (207). Таким образом, система эстетики Фолькельта имеет характер *антропологического психологизма*. В дальнейшем мы будем нередко показывать, как необоснован этот психологизм и в особенности антропологический характер его. Теперь лишь вкратце отмечу основные отличия защищаемой мною системы эстетики. Она разработана мною на основе теории знания *интуитивизма* и метафизики *конкретного идеал-реализма*, имеющего характер *персонализма*.

Согласно интуитивизму, предмет, данный в восприятии, есть сама живая подлинная действительность, осознанная и опознанная созерцателем. Вся чувственная, вся телесная, вся материальная сторона предмета есть *не психи-*

ческое состояние созерцающего субъекта, а *телесное* бытие самого предмета созерцания. Во *внутреннем* бытии предмета, которое тоже непосредственно созерцается нами в подлиннике, существенною основою его, согласно конкретному идеал-реализму, служат *духовные* начала, и притом *не процессы* духовной жизни, а сверхвременная и сверхпространственная субстанциальность и невременные и непространственные принципы Отвлеченного Логоса. Эти духовные слагаемые предмета имеют своеобразное значение в эстетической ценности предмета и вовсе не принадлежат к области психического, вообще душевного. Наконец, душевная жизнь предметов, не вкладываемая нами в них путем вчувствования, а непосредственно созерцаемая в подлиннике, в большинстве случаев глубоко отличается от психической жизни человека: психоидная жизнь низших существ и стихий, гиперпсихическая жизнь существ, стоящих выше человека, искажается нами, когда под влиянием ошибочных теорий, например теории вчувствования, мы не берем ее так, как она непосредственно дана, а стараемся стилизовать восприятие ее в духе антропологизма.

Освобождаясь от антропологизма в эстетике, мы решаем иначе, чем Фолькельт, проблему общеобязательности эстетических суждений и оценок. Фолькельт признает, что красота есть самоценность, но, считая, что субъективной стороне эстетической ценности принадлежит преимущество перед объективною (293), он объясняет общеобязательность эстетических ценностей тем, что они существуют в силу отношения предмета не к изменчивой природе человека, а к сущностной целеопределенности субъекта, к тожественной *человеческой сущности*; отсюда, далее, красота связана с мировою телеологиею (III, 468 с.; I, 281 с.). Согласно отстаиваемому мною учению, наоборот, красота заключается не в субъективной, а в объективной стороне восприятия, т.е. в самом предмете, и, так как предмет вступает в сознание каждого познающего существа в подлиннике, этим тожеством предмета восприятия объясняется общеобязательность эстетических суждений и оценок для всех субъектов. Не из тожественной сущности человека, а из мировой телеологии нужно объяснять свойства красоты; но, конечно, одна из слагаемых всеохватывающей телеологии есть также и сущность человека.

5. Чувства в эстетическом восприятии

Интуитивизм ведет к своеобразному решению вопроса о природе чувств в эстетическом восприятии. Многие эстетики, например Фолькельт, особенно подчеркивают обилие чувств и первенствующее значение их в эстетическом восприятии. При этом поднимается вопрос, действительные ли это чувства или "представленные". Фолькельт говорит, что в эстетическом восприятии есть "реактивные" и "предметные" чувства. Реактивные чувства суть переживания самого созерцающего красоту субъекта, это — *действительные* чувства. Что же касается *предметных* чувств, т.е. чувств, оторванных от моего Я и путем вчувствования приписываемых предмету, это — в значительной мере *представленные* чувства; они суть Scheingefühle, т.е. мнимые чувства (I, 261).

Знакомясь с такими учениями, надо отдать себе отчет, что, согласно неинтуитивистическим теориям знания, представленные чувства есть не эмоциональное состояние, а познавательное: это — мертвая копия, вроде фотографии, или мертвая конструкция познающего рассудка, нечто вроде мозаичной картины. Вообще неинтуитивистические теории изображают знание как нечто мертвое — как копию или символ или конструкцию. Совсем иначе представляет себе знание, и в частности знание о чувстве, интуитивизм. Согласно этой теории, когда я эстетически созерцаю, стоя у рождественской елки, радостное оживление детей, в кругозор моего сознания вступает *сама живая радость их в подлиннике*; в моем сознании наличествуют сами живые чувства и эмоции их, ставшие предметом моего внимания и различения, т.е. ставшие для меня осознанными и опознанными. При этом я не переживаю этих эмоций, они суть только предмет моих наблюдений, следовательно, мое состояние при этом есть познавательное, а не эмоциональное. Но все своеобразие интуитивистической теории состоит в том, что, согласно ей, знание не мертво, потому что, наблюдая чужую жизнь, наблюдатель имеет, как нечто опознанное, саму эту жизнь во всей ее жизненности, прибавив только к ней свое внимание и свое различение ее от других процессов. Чувства, найденные мною в предмете, суть не представленные, а *воспринятые* мною.

Несколько иначе, конечно, обстоит дело, когда мы любуемся, например, картиною Башкирцевой "Митинг", на которой изображена группа детей, обсуждающих что-то. Созерцатель картины имеет в своем сознании не *воспринимаемые*, а *представленные* чувства. Но состав представления интуитивист тоже понимает иначе, чем сторонники конструктивистических теорий. Индивидуальное Я каждого субъекта, будучи сверхвременным существом, способно направить свои акты внимания *на само прошлое в подлиннике*, и тогда оно становится *вспоминаемым*; если это вспоминаемое есть чужое чувство, которое я вчера воспринимал, наблюдая какого-нибудь ребенка, то теперь это самое живое, действительное чувство второй раз *наличествует в моем сознании*; правда, этот акт осознания предмета отличается несколько от акта восприятия: осознание в форме воспоминания содержит в себе больше пробелов, чем восприятие; кроме того, отсутствуют те сменяющиеся воздействия на органы чувств, которые глубоко задевают мое тело и меня и сообщают всему процессу характер живого, динамического общения с *теперь* осуществляющеюся действительностью. Поэтому чувства детей, имеемые мною в виду таким способом, суть не воспринимаемые, а представленные, однако это действительно те самые живые чувства их, которые были даны мне в прошлом моем опыте.

Как уже сказано, многие эстетики выдвигают в эстетическом восприятии на первый план чувства не только в созерцающем красоту субъекте, но и в созерцаемом им предмете. Так, Фолькельт говорит, что *смысл* художественного произведения заключается в "представлениях значения вещей", но, как и в обыкновенной жизни, мы часто сознаем их сокращенно, заменяем их *чувством знакомости*. Далее, в эстетическом восприятии особенно важно иметь в виду целое, но и оно часто при этом не мыслится нами логически, в понятиях, а схватывается посредством чувства (gefühlsmässig erfasstes Ganzes). Когда мы созерцаем "Моление о чаше" в Гефсиманском саду, на первом плане в нашем эстетическом созерцании картины стоит "душевная тоска, мягкость, доброта, светлость" духа Христа (I, 132-140).

Нельзя не согласиться с тем, что чувства в эстетическом созерцании имеют существенное значение. Мало того, я утверждаю, что они имеют не меньшее значение и во всех остальных проявлениях жизни. Согласно метафизике персонализма, можно решиться утверждать, что все конкретное бытие во всех областях его пронизано самыми разнообразными чувствами, духовными и душевными; при этом душевные чувства могут иметь весьма различную ступень развития и состав, будучи или примитивно психоидными, или психическими, или гиперпсихическими. Когда о каком-либо человеке говорят, что он — бесчувственный, например "сухой" в обращении с людьми, то слово "бесчувственный" не нужно понимать буквально: в действительности оно означает, что поведение данного человека имеет характер сдержанности или холодности или пренебрежительности, причем содержание каждого из этих видов поведения пронизано у него особыми чувствами — чувством сдержанности, или холодности, или пренебрежительности. Все это своеобразные чувства, но только противоположные тому, чего хочет собеседник, ищущий и не находящий в нем "чувствительности". Итак, мы признаем, можно сказать, вездесущие чувства в жизни. Однако не следует забывать, что чувства *не имеют самостоятельного значения*. Чувства суть *субъективные переживания* по поводу *объективных ценностей*. Согласно отстаиваемой мною *онтологической* теории ценностей, всякое бытие имеет положительную или отрицательную ценность, приближая к абсолютной полноте бытия или удаляя от нее различными способами, и каждый субъект откликается на объективные весьма разнообразные ценности не менее разнообразными чувствами*. Чувство, оторванное от той ценности, на которую оно интенционально направлено, было бы бессмысленным: оно имеет значение в связи с ценностью, которую оно подчеркивает, направляет на нее внимание, вводит в центр наших интересов и сопровождает ее как предмет нашего стремления или отвращения. Так, чувство доверия есть доверие к надежному существу, благоговение относится к священному существу или предмету, страх — к чему-либо опасному. И в эстетическом созерцании предметные чувства имеют смысл не иначе, как в связи с ценностью, на которую они направлены: мы эстетически созерцаем ребенка, переживающего доверие — к отцу, молящегося человека, переживающего благоговение — к Богу и т.п. Говоря не о предметных чувствах, а о чувствах субъекта, Фолькельт замечает, что нередко при эстетическом созерцании мысль, заключенная в предмете, воспринимается не логически, в понятии, а чувством (gefühlsmässig). Что это значит? — Мысль есть мысль, и чувство есть чувство; никак одно не может заменить другого, но можно переживать чувство, интенцио-

---

* См. мою книгу "Ценность и бытие. Бог и Царство Божие как основа ценностей".

нально направленное на доступную только мысли, т.е. *идеальную* сторону бытия, которая при этом остается *неопознанною*, а только осознанною или даже и подсознательною; благодаря чувству эта неопознанная или даже неосознанная идея предмета влиятельно соучаствует в эстетическом целом, так что и здесь чувство не есть самостоятельный момент эстетического созерцания. Эта несамостоятельность чувства есть одно из оснований, почему культура требует сохранения меры в переживании чувства и <почему> в благородных формах искусства нельзя "цыганить".

6. Смысл предмета эстетического восприятия

Предмет эстетического созерцания наличествует в сознании как нечто хотя бы отчасти опознанное, так что мы можем отдать себе отчет, что́ он представляет собою. Эту сторону эстетического восприятия Фолькельт обозначает словом Bedeutungs vorstellung (представление значения, I, 123 с., 369 с.). Так, любуясь красотою маневров, зритель отдает себе отчет в том, что перед ним совершаются действия моторизованных частей, кавалерийская атака и т.п.; смотря на картину "Сикстинская Мадонна", он знает, что на ней изображена Божия Матерь с младенцем Иисусом Христом, папа Сикст, св. Варвара, два ангела. Неинтуитивистические теории знания изображают все это знание как мертвые копии жизни или символы ее или конструкции рассудка; поэтому Фолькельт и многие другие эстетики так нуждаются в ссылке на чувства, *прибавленные* сюда, по их мнению, зрителем *путем вчувствования*; впервые вчувствование, думают они, прибавляет к мертвому *знанию* о вещи *жизнь*, состоящую из чувств и других душевных переживаний. Совсем иначе понимает знание сторонник интуитивизма, утверждая, что в восприятии зрителю даны и внешние проявления, и внутренняя жизнь предмета в подлиннике. Как уже разъяснено выше, при эстетическом созерцании предмет наличествует в сознании зрителя в такой жизненности, что понятие, выражающее его, например "это — кавалерийская атака", и жизненная динамичность его, стихийный напор конницы, казачья удаль и т.п. составляют одно неразрывное целое. То, что Фолькельт называет "представленным значением" предмета, есть сама жизнь предмета. Не иначе обстоит дело и тогда, когда мы эстетически созерцаем *картину*, например любуемся картиной

Ярошенко "Всюду жизнь". На ней изображен арестантский вагон с решетчатым окном, через которое арестанты с живым участием смотрят на голубей, клюющих что-то на платформе вокзала вблизи вагона. Вполне осмысленное восприятие этой картины заключает в себе, конечно, *понятия* "арестантский вагон", "арестанты", "голуби", но они и здесь, будучи связаны с конкретною чувственно данною единичностью, пронизаны известною зрителю из прошлого опыта чужою внутреннею жизнью так, что каждое из этих понятий есть *понятие-жизнь*. Таким образом, *смысл* предмета эстетического созерцания есть *сама жизнь* его, заключающая в себе и тот ее аспект, который мыслится в понятиях.

Непосредственная данность жизни в эстетическом созерцании предметов столь очевидна, что удивляешься, как искусственная теория вчувствования могла получить широкое распространение. Объяснить это можно главным образом тем, что во время ее возникновения не была еще разработана в деталях теория интуиции, т.е. теория непосредственного восприятия внешнего мира в подлиннике. Искусственность же теории вчувствования замаскировывается самым названием ее: без сомнения, многие лица, говоря о "вчувствовании", невольно понимают этот процесс совершенно правильно, как "вживание" в предмет, т.е. как вхождение в саму чужую жизнь, а не построение только образа ее.

В эстетическом созерцании, особенно в той высокой ступени его, которая свойственна поэтам и вообще представителям различных видов художественного творчества, вся природа является как нечто живое, полное динамичности. Поэтому Фолькельт говорит, что человеку свойственно "стремление к всеодушевлению" (I, 204). В действительности же, согласно отстаиваемой нами метафизике персонализма, вся природа насквозь полна жизни и человек обладает не склонностью все ошибочно одушевлять, а способностью действительно *видеть* всюду разлитую жизнь. И сам Фолькельт, когда он робко решается вступить на почву метафизики, признает всежизненность природы: он говорит, что через очеловечение предметов мы "чуем поток жизни в природе" (I, 370, 233 сс.); но потом опять сбивается на свой антропологизм и утверждает, что эстетическое значение вчувствования обусловлено "желанием человека везде найти себя" (I, 375).

7. Индивидуальное личное бытие в несовершенном царстве мира

Выше было установлено, что эстетика, идеально разработанная, должна решать все эстетические проблемы исходя из учения о красоте личности как индивидуального чувственно воплощенного существа. У нас, людей, живущих в несовершенном царстве психо-материального бытия, опыт так беден и знание так отрывочно, что мы неизбежно далеко отстаем от этого идеала.

В Царстве Божием всякая личность вполне осуществляет свою индивидуальность и представляет собою высшую ступень красоты. И в нашем психо-материальном царстве бытия высшая возможная в его пределах красота достигается личностью, поскольку она осуществляет и обнаруживает свою индивидуальность. Но у нас эта красота ущерблена вследствие неполноты осуществления индивидуальности. К тому же индивидуальное бытие опознается нами с величайшим трудом.

Индивидуальность каждой личности, принадлежащей к Царству Божию, осуществляется в творчестве абсолютно ценных содержаний бытия, гармонически соотнесенных *со всем миром*; поэтому каждый такой творческий акт есть нечто единственное, неповторимое и незаменимое уже по самому своему содержанию; это есть событие *абсолютно индивидуальное*. Мы, существа, принадлежащие к психоматериальному царству, своим себялюбием лишаем себя возможности осуществлять свою индивидуальность во всей полноте. Большинство наших деятельностей, будучи продиктовано сполна или отчасти нашим себялюбием, находится в дисгармонии со многими областями мира. Осуществляем мы эти деятельности, обыкновенно, сочетая свою творческую силу с силами сравнительно немногих существ, вступивших во временный союз с нами; со стороны же остальных существ мы встречаем равнодушие или враждебное противодействие. Отсюда понятно, что творимое нами бытие в громадном большинстве случаев имеет весьма ограниченное, бедное содержание; поэтому оно повторимо и заменимо; состав его может быть описан посредством сочетания *общих понятий*. В самом деле, значительная часть жизни нашей заполнена такими однообразными, мало содержательными действиями, как вставание, одевание, питье кофе, съедание хлеба с маслом и т.п. Даже в высших духовных проявлениях наших, в поэтическом творчестве, в писании картины и т.п., много времени уходит на такие действия, как писание букв пером, технические приемы подготовки материала для картины и т.п. Правда, и эти действия занимают единственное место в мировом целом, определяемое положением их во времени и в пространстве. Поэтому каждое из них имеет также и особенное значение в системе мирового целого; однако единственность, принадлежащая не самому содержанию действия, а только положению его в системе мира, есть лишь *относительная индивидуальность*.

Однообразно повторимые и заменимые действия, содержание которых легко может быть выражено несколькими общими представлениями или понятиями, суть бытие бедное, весьма ограниченное, бесконечно далекое от идеала полноты бытия. В них тоже возможна красота, но она чрезвычайно далека от идеала красоты, осуществленного в Царстве Божием; это лишь различные аспекты красоты, да и то весьма ущербленные. Правда, каждое из этих повторимых действий имеет смысл в мировом целом, однако, обыкновенно, он остается для нас, земных людей, совершенно неуловимым; следовательно, эта высокая сторона красоты мира доступна только Божественному всеведению.

Все действия, поскольку они повторимы и даже заменимы, содержат в себе относительные ценности, т.е. бытие, имеющее в одних отношениях положительную ценность, а в других — отрицательную ценность. Но все отрицательно ценное содержит в себе аспект эстетического безобразия. Отсюда следует, что в психо-материальном царстве чувственно воплощенное индивидуальное личное бытие стоит весьма далеко от идеала красоты: индивидуальность личности осуществлена весьма неполно и во всех проявлениях ее есть аспект безобразия.

Тем не менее и для нашего царства бытия, как и для Царства Божия, высшая возможная в нем красота есть индивидуальное личное бытие, чувственно воплощенное. Даже и сквозь несовершенные проявления личности просвечивает ее индивидуальная идея, полное осуществление которой возможно только в Царстве Божием. Когда до нашего сознания доходит хотя бы слабый намек на эту подлинную единственность личности, она предстает перед нами в каком-то неизъяснимом очаровании. Хорошим примером этой красоты может служить то ви́дение ее, которое свойственно молодому человек в отношении к любимой им девушке или девушке в отношении к любимому ею юноше.

Впервые любовь открывает глаза на подлинную индивидуальность личности. Отсюда понятно, что восприятие индивидуальности, а, следовательно, и ви́дение высшей ступени красоты в ее полноте нам удается очень редко. К тому же опознание ее чрезвычайно затруднено тем, что все абсолютно индивидуальное невыразимо в общих понятиях, а мы в своем знании, следуя повседневным практическим потребностям, привыкли останавливаться на той поверхностной стороне бытия, которая повторима и выразима в общих понятиях*.

Воспринимать индивидуальность личности и несказанную красоту ее человеку удается чаще всего в кругу своей семьи, особенно в отношении к любимому ребенку; также в отношении к своим друзьям и приятелям можно бывает достигнуть этой высшей ступени восприятия личности. Еще труднее воспринять индивидуальность личности высшего, чем человек, порядка — нации, церкви и т.п. Высокой ступени осознания может достигнуть человек в отношении к индивидуальности своей нации, если он подлинно любит ее; тогда он усматривает и красоту ее, но, конечно, выразить ее можно разве лишь средствами художественного творчества.

---

* Обо всех этих трудностях восприятия индивидуальности подробно сказано в моей книге "Чувственная, интеллектуальная и мистическая интуиция" в главе "Человеческое Я как предмет мистической интуиции".

Что касается индивидуальности чужой нации, к ней легче всего подойти через ее искусство — поэзию, музыку, архитектуру, живопись и т.п.

Весьма распространено мнение, что красота принадлежит существу, в котором по возможности полно воплощены *типические* черты его рода или вида. Предполагается при этом, что воплощение типа, рода, вида есть воплощение *идеи* предмета. Поэтому утверждение, что высшая красота заключается не в воплощении типа, рода или вида, а в воплощении индивидуальности, т.е. единственного, неповторимого и незаменимого, вызовет у множества лиц недоумение и несогласие. Происходит это вследствие ошибочных представлений об индивидуальном бытии; устранение которых можно найти в главе второй этой книги, в отделах "Индивидуальное личное бытие" и "Личность как конкретная идея". Для философа, который находит в составе мира только повторимые элементы, выразимые в отвлеченных общих понятиях, индивидуальность личности есть не более, чем сумма отвлеченных признаков, накопленных в таком количестве и сочетании, что трудно допустить, чтобы она встретилась где-либо в мире второй раз. Думая об индивидуальном существе, такой философ выдвигает на первый план типические, родовые и видовые признаки и прибавляет к ним курьезные "характерные" черты, какое-нибудь подергивание плечом, частое повторение каких-либо слов вроде "следовательно, здесь"... и т.п. Ясное дело, что при таком понимании строения личности нельзя выработать учение о воплощении индивидуальности как высшей ступени красоты.

Подробности вопроса о красоте индивидуального личного бытия я попытаюсь изложить ниже в главе "Красота в человеческой жизни и в истории".

8. Аспекты красоты в несовершенном царстве бытия

В Царстве Божием все аспекты красоты личности суть те или иные стороны жизни и строения *действительной* личности. И в нашем психо-материальном царстве первое место среди аспектов красоты принадлежит различным сторонам жизни и строения действительных личностей, с тою оговоркою, конечно, что у нас они более или менее несовершенны. Всякая *духовная деятельность*, религиозная, нравственная, художественная, научная, социально творческая и т.п., поскольку она совершенна, имеет ценность красоты. Воплощения мудрости, гениальности, разумности — прекрасны. Вообще все аспекты красоты Царства Божия наличествуют и здесь, хотя и в менее совершенной форме.

Но, кроме действительных личностей, в нашем царстве есть множество существ, которые суть лишь *потенциальные* личности; таковы животные, растения, кристаллы, молекулы, атомы, наконец протоны, электроны и т.п. Все они, согласно метафизике персонализма, суть живые существа, если разуметь под словом "жизнь" *всякую для себя сущую целестремительную деятельность*. Красота этих существ состоит из чувственно воплощенных положительных сторон *жизни вообще*. Так, к области эстетически положительного принадлежит всякая *целесообразность*, единство в многообразии, *гармоническое единство* многих элементов, *органическая целостность*, *свобода*, *сила* и особенно грандиозная *мощь*. Разумность в этих областях бытия, между прочим, обнаруживается в бессознательном воплощении форм отвлеченного Логоса, например *математических принципов*, и в инстинктивном осуществлении различных видов *системности*, *порядка*, *симметрии*.

Наконец, следует упомянуть о существовании еще более низкой ступени бытия, о вещах, каковы, например, гнездо птицы, паутина, дом, утварь, машины и т.п. Вещи не суть личности, ни действительные, ни потенциальные. Они суть единства, в основе которых лежит не творчески деятельное конкретно-идеальное начало, а только отвлеченная идея, воплощенность которой делает их пригодными для какой-нибудь ограниченной цели. Существование вещей в природе не противоречит метафизике персонализма; всякая вещь, например паутина, тарелка, машина, состоит из атомов, молекул, кристаллов и т.п., которые суть потенциальные личности; сочетание их, образующее вещь, не есть личность, но оно есть продукт деятельности каких-либо личностей, потенциальных или действительных, например птицы, которая вьет гнездо, инженера, изобретающего машину, и рабочих, фабрикующих ее. Отсюда ясно, что даже и в этом низком слое бытия возможна красота, например красива воплощенная в них разумность, целесообразность, сила машины, ловкость и легкость действий ее и т.п.

Что касается эстетического безобразия, общие соображения о природе его и распространенности его в нашем царстве бытия высказаны в главе "Несовершенная красота", а частные вопросы будут рассмотрены в дальнейших главах.

9. Сходство эстетических учений различных философских школ

Основная мысль защищаемого мною учения та, что идеал красоты, достигаемый лишь в Царстве Божием, есть чувственно воплощенная жизнь личности, сполна осуществляющей свою индивидуальность. И даже в нашем несовершенном психо-материальном царстве бытия, где возможна только ущербленная красота, высшая ступень ее достигается в положительных сторонах *индивидуальной жизни* действительных личностей; менее высокие ступени красоты осуществляются в чувственном воплощении *жизни* потенциальных личностей; наконец, еще менее высокие ступени красоты воплощены в продуктах жизнедеятельности действительных и потенциальных личностей. Выше было указано сходство в некоторых отношениях моих учений с теорией идеала красоты Шеллинга и Гегеля. Теперь, имея в виду также и ущербленную красоту, можно указать на то, что философы весьма различных философских школ высказывают в эстетике довольно сходные по существу учения.

Защищаемые мною учения особенно близки к эстетике Вл. Соловьева. Согласно Соловьеву, красота есть "воплощенная идея", следовательно, не "видимость или призрак идеи", а "действительное осуществление" ее. Под словом же "идея" он разумеет "то, что само по себе достойно быть". "Безусловно говоря, достойно бытия только всесовершенное или абсолютное существо, вполне свободное от всяких ограничений и недостатков. Частные или ограниченные существования, сами по себе не имеющие достойного или идеального бытия, становятся ему причастны чрез свое отношение к абсолютному во всемирном процессе, который и есть постепенное воплощение его идеи". Осуществление всемирной идеи ведет, по Соловьеву, к достижению "*полной свободы составных частей в совершенном единстве целого*", к приобретению "полноты содержания или смысла" и к "совершенству выражения или формы". Следовательно, осуществленная идея есть неразрывное единство добра, истины и красоты. "Специфический признак" красоты, отличающий ее от добра и истины, есть "законченность воплощения" идеи, т.е. "добра и истины"*.

Согласно эстетике Эдуарда Гартманна, красота существует "только в субъективном явлении", она есть только "эстетический об-

---

* Вл. Соловьев. Красота в природе, собр. соч., т. VI, стр. 40.

раз" (aesthetischer Schein). Однако это вовсе не означает, что Гартманн сторонник *субъективистического психологизма* в эстетике; приведенные заявления его обусловлены только его ложною теориею знания и его ошибочным учением о сознании. Но далее, опираясь на свою метафизику, он развивает глубокие соображения о связи эстетического образа, возникающего в сознании, с соответствующею ему вещью в себе: он утверждает единство *субъективно идеального* образа с просвечивающим сквозь него *объективно идеальным* содержанием. "Высшая ступень идеи чувственно выражена", говорит он, в индивидуальном бытии; поэтому и высшую ступень красоты он находит в конкретно-индивидуальном существе*.

Согласно Фолькельту, положительные эстетические ценности ведут к гармонизации человека, потому что стоят в связи с целью человечности, которая в свою очередь включена в мировую телеологию. Согласно Риккерту, идеал красоты связан с бесконечною целостностью, с Voll-Endung. Философы, сосредоточивающиеся в своем исследовании красоты на пси-

---

* См. краткое изложение его обширной эстетики в его книге "Grundriss der Aesthetik. System der Philosophie im Grundriss <Lpz., 1909>, т. VIII, стр. 3, 6, 40, 62-66.

хо-материальном царстве бытия, очень часто, принадлежа к весьма различным школам, все же сходятся на том, что *жизнь* обладает ценностью *красоты*. Так, материалист Чернышевский устанавливает тезис: "прекрасное есть полнота жизни"*.

Согласно Гюйо, жизнь "полная и сильная есть эстетическая" (Les problèmes de l'esthétique contemporaine). По учению Т. Липпса, чувство красоты есть "чувство удовольствия по поводу силы, полноты, внутреннего согласия или свободы жизненных возможностей и жизнедеятельностей"**.

---
* Эстетические отношения искусства к действительности, собр. соч., т. X, ч. 2, с. 115.

** Th. Lipps, Grundlequng der Aesthetik, I Th., 3 изд., стр. 156.

ГЛАВА 5

Субъективная сторона восприятия ущербленной красоты

Субъективная сторона восприятия ущербленной красоты

Субъективная сторона восприятия ущербленной красоты по существу та же, что и при восприятии идеально совершенной красоты. Она была уже рассмотрена выше. Напомним о ней вкратце. Для восприятия красоты необходимо сочетание всех трех видов интуиции — чувственной, интеллектуальной и мистической. Далее, чтобы созерцать красоту, нужно стать выше своих эгоистических интересов и питать бескорыстную любовь к ценности красоты. Отсюда получается бесконечное расширение жизни, сознание своей свободы и глубокое удовлетворение, заслуживающее названия счастия.

В ущербленной красоте всегда существует наряду с красотою также и безобразие. Отсюда в субъективной стороне восприятия ее есть черты, отличные от восприятия идеальной красоты. Один и тот же сложный предмет при нашем фрагментарном сознании его воспринимается одним лицом преимущественно со стороны его красоты, а другим со стороны его безобразия. Мало того, даже одно и то же лицо воспринимает иногда один и тот же предмет то в его красоте, то в его безобразии и может сомневаться, как же следует оценить его. Однако чем шире кругозор созерцающего мир субъекта, тем в большей степени он находит перевес красоты над безобразием и освобождается от состояния сомнения и колебания. В самом деле, выше было уже указано, что Божественному всеведению открыт смысл всякого зла и взору его предстоит будущее окончательное преодоление его; конкретный чувственный образ мира в этом его аспекте запечатлен высокою и своеобразною красотою. Но даже и нам в нашем фрагментарном знании случается нередко переживать своеобразные положительно эстетические чувства при созерцании безобразия в тех случаях, когда нам удается видеть зло до такой глубины, в которой конкретное чувственное восприятие его обнаруживает его внутреннюю несостоятельность, далее, в тех случаях, когда становится несомненной преодолимость его, и особенно в тех, когда уже осуществилось действительное преодоление его.

На всякую объективную ценность душа наблюдателя откликается субъективными переживаниями, имеющими характер чувства. Восприятие ущербленной красоты сопутствуется крайне разнообразными чувствами соответственно различным видам красоты. Вспомним хотя бы своеобразное чувство гармонии идеальной красоты, чувство возвышенного в его весьма различных видоизменениях, чувства трагического, комического и т.д. Всевозможные эти чувства нельзя даже и пытаться перечислить, если дать себе отчет, как различны виды красоты. И независимо от этих чувств красота сознается нами как великая ценность, но прибавка указанных чувств еще повышает для наблюдателя привлекательность красоты. Отсюда у людей, склонных чрезмерно дорожить своими субъективными переживаниями, может возникнуть "эстетическое гурманство". Состоит оно в том, что человек начинает жить не объективною ценностью красоты, а своим субъективным наслаждением красотою. Такое извращение подобно тому, что наблюдается иногда в области нравственного поведения, когда человек делает добро, например спасает погибающего, не из любви к чужой жизни, а ради наслаждения собою как добрым.

Многие эстетики утверждают, что для эстетического созерцания благоприятным или даже необходимым условием является выключение предмета из состава действительности, смотрение на него как на нечто "кажущееся" (Schein), как на "призрак", существующий лишь в царстве фантазии. Об этой дематериализации и деэкзистенциализации предметов эстетического созерцания речь идет уже давно, например у Шиллера, Гегеля, Эд. Гартманна. Я изложу это учение в той форме, как оно дано в "Системе эстетики" Фолькельта, который особенно подробно развил его.

Согласно Фолькельту, эстетическая ценность есть федеративное единство четырех основных норм, из которых каждая имеет субъективную и объективную сторону (I, 294 с.). Первая норма с субъективной стороны есть пронизанное чувствами наглядное представливание, а с объективной стороны — единство формы и содержания, т.е. душевная жизнь, выраженная сполна в чувственной наглядности (317 сс.). Вторая норма с субъективной стороны — совершенное осуществление расчленяющего воспринимания (383), а с объективной стороны — совершенная органическая целость предмета (399 с.) Третья норма с субъективной стороны — ирреализация чувства действительности (421), а с объективной стороны — эстетические предметы как царство кажущихся образов (Welt des Scheines, 476). Четвертая норма с объективной стороны — человечески значительное содержание (498), а с субъективной стороны — переживание ценности вчувствованного содержания (517, 520).

Четыре эстетические нормы не выведены Фолькельтом из единого принципа, потому что свои метафизические взгляды он отодвинул в конец своего трехтомного труда, да и там он высказывает их робко, не систематично. Четыре нормы, говорит он, суть выражение четырех ценностей, которые не подчинены друг другу, а дополняют друг друга для достижения единой цели: в виде органического единства эти четыре ценности дают новое целостное качество (Gesamtqualität) эстетического переживания, ведущее к осуществлению единства высшего слоя сознания, т.е. к достижению возможно большей гармонизации человеческой душевной жизни (III, 451-456).

Утверждая, что ирреализация чувства действительности и отнесение эстетического предмета к царству кажущихся образов принадлежит к числу основных норм эстетики, Фолькельт провел это учение сквозь всю свою систему. Он относит эту норму не только к предметам искусства, где она несомненно имеет силу, но и к восприятию красоты самой живой действительности. Везде в эстетическом созерцании, говорит он, принимает участие фантазия, уносящая из здешнего мира (I, 278) и освобождающая от вещественности (Stofflichkeit). Чувственное восприятие приобретает окраску чего-то данного в воображении, чего-то благородно свободного, существующего как кажущийся образ (Schein); это — более идеальный вид бытия, чем грубая действительность (I, 474 с., 478). Объективно мы наталкиваемся на жесткую действительность, а в эстетическом созерцании она стоит перед нами как нечто воздушное (hauchartig). Благодаря этой ирреализации и дематериализации получается освобождение (425), целомудренное стояние вдали от действительности (544), она предстоит перед нами как блаженное сновидение (477). Как и в игре, не принимая вполне всерьез действительность и находя удовлетворение в ирреальном, мы освобождаемся в эстетическом созерцании от интересов самосохранения (481 сс.). Поэтому при эстетическом созерцании выключаются стремления непосредственно осуществить какую-либо цель, устранить или, наоборот, использовать что-либо и т.п.; это — Willenlosigkeit — в смысле освобождения от эгоистической воли (429 с.). Точно так же при эстетическом созерцании наступает и Erkenntnislosigkeit, т.е. выключение познавательной деятельности, потому что она, во-первых, представляет собою волевой акт и, во-вторых, направляет на действительность (456).

Изложенное учение Фолькельта не может быть принято без оговорок и ограничений в состав разрабатываемой мною системы эстетики. Мировой процесс есть неустанное преодоление зла и творение добра; чувственное воплощение этой положительной стороны мира есть осуществление красоты в самом живом бытии, и эта красота природы и человеческой жизни стоит выше красоты наших произведений искусства. Ирреализация красоты живого бытия есть, конечно, принижение ее; следовательно, она не может быть нормою красоты как *объективной* ценности. Но, с другой стороны, нельзя не признать, что эстетический подход к предмету облегчается для нас отвлечением от его бедственной или грозной или соблазнительной действительности и смотрением на него как на нечто как бы принадлежащее к царству фантазии. Выход из этого противоречия таков. Нужно строго и точно различать субъективные условия, облегчающие человеку восприятие красоты, и объективный состав самой красоты. Земной человек есть существо, обладающее слабым духом и весьма ограниченными силами, существо, неспособное совершать зараз несколько значительных деятельностей, требующих большого напряжения. Строение нашего тела, например глаз или таких орудий, как руки, весьма ограничивает круг действий, исполнимых нами одновременно. Отсюда становится понятным, что, например, отдаваясь глубоким религиозным чувствам и стремлениям или увлекшись исследованием предмета и размышлением о нем, человек перестает эстетически созерцать его. Точно так же эгоистические эмоции и стремления, например страх, угнетение, растерянность или желание овладеть предметом и использовать его, обыкновенно сопутствуется ослаблением или исчезновением эстетического созерцания. Но представим себе существо мощного духа, стоящее выше таких переживаний, как страх; представим себе далее, что это более высокое, чем земной человек, существо имеет достаточно сил для того, чтобы одновременно иметь религиозные переживания, совершать научные и философские исследования и вместе с тем созерцать предмет эстетически. Само собою разумеется, и тело такого существа должно быть гораздо более сложным, чем у земного человека: его органы чувств должны быть способными к более разносторонним восприятиям и органы для совершения действий более многочисленны. Такое существо вовсе не нуждается в деэкзистенциализации предмета для эстетического созерцания его. Оно способно, имея дело с "жесткой действительностью", оказывать действенную помощь тому, кто в ней нуждается, и вместе с тем эстетически созерцать всю ситуацию. Познавание предмета не ослабляет, а, наоборот, обогащает для него эстетическую содержательность его. И даже овладение предметом для использования его не мешает эстетическому восприятию его. Созерцание красоты живого бытия при этом не бледнеет от сознания его действительности, а, наоборот, становится более значительным и более глубоко удовлетворяющим. Таким образом, не только деэкзистенциализация предмета, но даже и "незаинтересованность" воли суть субъективные условия, необходимые только субъекту слабому, весьма ограниченному, такому как земной человек, который нуждается в искусственных средствах, чтобы сохранить и освободить силы для эстетического созерцания.

Нереальность предметов, творимых фантазиею художника, и деэкзистенциализация живого бытия, производимая нередко человеком при эстетическом восприятии, может быть источником сомнительных теорий и предосудительного поведения. Говоря об эстетической ценности как источнике гармонизации человека, Фолькельт указывает прежде всего на согласование духовной и чувственной жизни, идеальной и природной: в эстетическом созерцании человек способен сопереживать (nacherleben) и невинное детство, и дикие влечения чувственного человека, и духовные интересы, существенные для судьбы человека (III, 457 с.). Такие противоположности, как жажда жизни (Lebensdrang) и потребность искупления (Erlösungsbedurfnis), гармонизируются в эстетическом созерцании, которое дает возможность вкусить всю (auskosten) жизненную действительность без борьбы за существование (459). В других высших деятельностях происходит разрыв с чувственностью: знание вырабатывает понятия, нравственность обуздывает жажду жизни, а религия и совсем устраняет чувственный мир (460). В эстетическом созерцании, говорит Фолькельт, наоборот, мы живем в чувственном мире, но деэкзистенциализуем его, рассматривая его как только кажущийся образ; такое созерцание предмета без "вещественности" дает удовлетворение и жажде жизни (Lebensgier) и отрицанию жизни, и себялюбию и чувствам самопожертвования (461). Такие рассуждения могут послужить соблазном к построению учения об эстетическом созерцании как удобном средстве изживать и смаковать всевозможные пороки и страсти, не подвергаясь неприятным последствиям их.

У Фолькельта в его книге, проникнутой высоким духом, конечно, нет такой низменной теории. В основу эстетической жизни он полагает стремление к "сверхдействительности" (459). Однако приведенные мною рассуждения его о гармонизации человека и о противоположности между жаждою жизни и потребностью искупления показывают, что в системе эстетики нельзя дать ясного и удовлетворительного синтеза, свободного от эклектизма, если не положить в основу учения об идеале бытия в Царстве Божием, понятом в духе конкретной религиозности православия и католицизма. В самом деле, впервые в Царстве Божием достигается совершенная полнота бытия, в состав которой входит также и полнота чувственного воплощения. Следовательно, стремясь к идеалу божественного совершенства, нам не нужно отказываться от "жажды жизни"; наоборот, надо ее усиливать, отказываясь от жизни, ограниченной себялюбием, поэтому недостойной и вместе с тем всегда бедной по содержанию. Существенную помощь на этом пути вверх к полноте бытия оказывает нам эстетическое созерцание чужой жизни не потому, что мы просто расширяем свою жизнь, мысленно "вкушая" также и чужую жизнь, а потому, что в подлинном эстетическом созерцании все положительное вступает в наше сознание, вызывая к себе живое сочувствие, и все отрицательное воспринимается в его безобразии, преодолеваемом изнутри его ничтожеством и извне всем мудрым строением мира, так что дух наш безболезненно освобождается от влечения к нему.

ГЛАВА 6

Виды красоты

Виды красоты

Такое сложное явление, как красота, существует в мире в множестве видоизменений. Классифицировать их можно, прибегая к весьма различным основаниям деления. В некоторых родах красоты основание деления столь трудно выразить в понятиях, что приходится, по крайней мере при современном состоянии эстетики и метафизики, намечать виды, подчиненные роду, не обязываясь дать исчерпывающее деление. Иногда даже бывает необходимо исследовать какой-либо вид красоты, вовсе не включая его ни в какое деление. Так поступает, например, Фолькельт, посвятивший целый второй том своей "Системы эстетики", около шестисот страниц, исследованию видов "эстетического". К этой книге, дающей много превосходных примеров красоты из области природы и искусства, а также много тонких характеристик видов красоты, я и отсылаю читателя. В моей краткой книге, посвященной лишь наиобщим принципиальным основам эстетики, речь будет идти только о некоторых видах красоты, имеющих наиболее существенное значение.

Согласно своему учению о красоте как ценности, пронизывающей весь мир, я употребляю слово "красивый" в столь общем значении, что и трагическое, и комическое, и возвышенное и т.п. можно обозначать этим термином: например, и в комическом есть своеобразный аспект красоты. Но существуют в составе мира такие предметы и явления, которые представляют собою красоту по преимуществу: это, во-первых, идеал красоты, осуществленный в Царстве Божием, и, во-вторых, все то в нашем психо-материальном царстве, что своею гармониею, чистотою от низменных элементов и значительностью напоминает красоту Царства Божия. Все такое, красивое по преимуществу можно обозначать термином "прекрасное" или словами "красота в узком значении этого слова".

В первой главе этой книги были приведены примеры "прекрасного", как оно осуществлено в Царстве Божием. Далее было показано, что даже и в нашем упадочном психо-материальном царстве бытия везде перед нами предстала бы эта высшая ступень красоты, если бы мы умели познавать мир до такой глубины, при которой открывается его направленность к Богу, величие его основ и преодолимость в нем зла. Некоторые стороны нашего царства бытия даже и при слабом нашем проникновении в основы мира часто открываются нашему взору как "прекрасное". Таковы, например, звездное небо, о котором Кант сказал: "два предмета наполняют душу все вновь возрастающим преклонением и благоговением: звездное небо надо мною и нравственный закон во мне".

Нередко закат солнца и вечерняя заря или восход солнца в горах, также на берегу моря, воспринимаются как нечто прекрасное. Я пишу эти строки и вспоминаю вечернюю зарю, виденную мною в "Озерной области" в Англии вблизи Сильвердэля в 1913 г., когда мы ехали по берегу реки мимо какого-то чудного парка с развесистыми деревьями. В гениальной повести Льва Толстого "Казаки" есть превосходное описание возрождающих душу впечатлений Оленина, когда он, подъезжая к Кавказу, в первый раз увидел снеговую цепь его во всем ее величии. "Рано утром он проснулся от свежести в своей перекладной и равнодушно взглянул направо. Утро было совершенно ясное. Вдруг он увидал — в шагах двадцати от себя, как ему показалось в первую минуту — чисто-белые громады с их нежными очертаниями и причудливую, отчетливую, воздушную линию их вершин и далекого неба. И когда он понял всю даль между ним и горами и небом, всю грамадность гор, и когда почувствовалась ему вся бесконечность этой красоты, он испугался, что это призрак, сон. Он встряхнулся, чтобы проснуться. Горы были все те же.

— Что это? Что это такое? — спросил он у ямщика.

— А горы, — отвечал равнодушно нагаец.

— И я тоже давно на них смотрю, — сказал Ванюша. — Вот хорошо-то. Дома не поверят.

На быстром движении тройки по ровной дороге горы, казалось, бежали по горизонту, блестя на восходящем солнце своими розоватыми вершинами. Сначала горы только удивили Оленина, потом обрадовали; но потом, больше и больше вглядываясь в эту не из других черных гор, но прямо из степи вырастающую и убегающую цепь снеговых гор, он мало-помалу начал вникать в эту красоту и *почувствовал* горы. С этой минуты все, что только он видел, все, что он думал, все, что он чувствовал, получало для него новый, строго величавый характер гор. Все московские воспоминания, стыд и раскаяние, все пошлые мечты о Кавказе, все исчезли и не возвращались более. "Теперь началось", как будто сказал ему какой-то торжественный голос. И дорога, и вдали видневшаяся черта Терека, и станицы, и народ, — все это ему казалось теперь уже не шуткой. Взглянет на себя, на Ванюшу — и опять горы. Вот едут два казака верхом, и ружья в чехлах равномерно поматываются у них за спинами, и лошади их перемешиваются гнедыми и серыми ногами; а горы... За Тереком виден дым в ауле; а горы... Солнце всходит и блещет на виднеющемся из-за камыша Тереке; а горы... Из станицы едет арба, женщины ходят, красивые женщины, молодые; а горы... Абреки рыскают в степи, и я еду, их не боюсь, у меня ружье и сила, и молодость; а горы..."*.

Красота снеговых гор, их величие, гармония и девственная чистота есть только *символ* абсолютной красоты, абсолютного величия и чистоты; поэтому сами горы не вечны и не должны быть вечными, но выражаемая ими красота вечна, и переживание ее навсегда сохраняется в душе, конечно, не в своей психо-материальной конкретности, которая, на деле, есть не конкретность, а разорванная абстрактность, но в своем *значении*, которое, как обертон, продолжает петь в душе, на все налагая новый отпечаток торжественности и величавости и неизменно поддерживая, хотя бы в подсознательной или сверхсознательной сфере, Эрос к красоте**.

---

* Л. Толстой. Казаки, гл. III.
** См. мою книгу "Ценность и бытие. Бог и Царство Божие как основа ценностей", стр. 115 с.

К области "прекрасного" в человеческой жизни принадлежат, говорит Фолькельт, такие явления, как, например, целомудренная любовь девушки, геройское поведение юноши, материнская любовь. История сохранила в памяти человечества много величественно прекрасных событий. Без сомнения, к области прекрасного принадлежит предсмертная беседа Сократа с поклонниками его в тюрьме и смерть его. Прекрасны были христианские мученики, предававшие свою душу Богу во время пыток и казни. Прекрасен был святой Николай, архиепископ Мирликийский, не допустивший казни молодого христианина. Прекрасен был молодой Наполеон на Аркольском мосту со знаменем в руках. Прекрасен был Петр Великий, когда спасал утопающего в Финском заливе вблизи Лахты.

В искусстве во всех областях его есть чудные явления мира "прекрасного". Можно назвать несколько лиц, творивших "прекрасное" во многих своих произведениях и, следовательно, бывших носителями "прекрасного" по преимуществу. Таков в греческой литературе Софокл, в русской поэзии Пушкин, в живописи Рафаэль. Чтобы оценить их произведения, проникнутые все просветляющею гармониею, нужен зрелый возраст, богатый опытом: молодость предпочитает красоту, выраженную в резких, крайних проявлениях, нарушающих гармонию.

Приведем еще несколько примеров из различных видов искусства. В скульптуре прежде всего вспоминаются творения древних грехов, например Гера из виллы Лудовици, Аполлон Бельведерский, Венера Милосская, Ниобея. Созерцание таких произведений может быть столь же целительным и благодетельно стоящим на пороге сознания, как впечатление от снеговой цепи Кавказских гор, описанное Львом Толстым. Глеб Успенский написал рассказ "Выпрямила", в котором живо передал это возвышающее душу впечатление от красоты древнегреческой статуи.

В архитектуре к области "прекрасного" принадлежал, например, храм св. Софии в Константинополе, внутренность храма св. Петра в Риме. В живописи вспомним "Сикстинскую Мадонну", "Madonna della Sedia", "Madonna Connestabile", "Обручение Девы Марии" Рафаэля, "Покров Пресвятой Богородицы" Нестерова в Храме Марфо-Мариинской обители в Москве. В музыке из многого "прекрасного" достаточно вспомнить IX симфонию Бетховена или его сонату "Appassionata".

В поэзии особенно напомним об "Антигоне", "Трахинянках" и вообще трагедиях Софокла; у Пушкина высокие ступени "прекрасного" достигнуты в его "Борисе Годунове" и маленьких драмах, например в "Моцарте и Сальери".

Отдельных образов и эпизодов, принадлежащих к области прекрасного, в поэзии всех времен и всех народов можно найти очень много. Прекрасна Корделия в "Короле Лире", прекрасен маркиз Поза в "Доне Карлосе" Шиллера, прекрасен образ монсиньора Бьенвеню в "Отверженных" Гюго и поведение Жана Вальжана на суде, когда он, чтобы спасти невинно осужденного, добровольно является и объявляет, что он — беглый каторжник, прекрасен Алеша Карамазов Достоевского.

В театральном искусстве высочайшее достижение прекрасного представляет собой "Борис Годунов" в исполнении Шаляпина; гений Пушкина, Мусоргского и Шаляпина, сочетавшись в единое целое, создали бесконечно ценный образ. Если бы в фильме была запечатлена сцена шествия Бориса Годунова из Успенского собора во дворец, короли и императоры имели бы в ней образец царственного величия. В опере "Сказание о невидимом граде Китеже и деве Февронии" музыка Римского-Корсакова, литературное произведение В.И. Бельского и декоративная живопись Коровина образуют единый, полный смысла и красоты волшебный мир.

Кинематографическое искусство еще не осуществило всех великих возможностей, таящихся в нем. В наше время оно слишком приспособляется ко вкусам толпы. Но когда в нем принимают участие гениальные поэты, оно сразу поднимается на необычайную высоту. Приведу лишь один пример — конец фильма "Дон-Кихот" в исполнении Шаляпина: фолианты рыцарских романов, которыми зачитывался Дон-Кихот, подвергаются сожжению, Дон-Кихот умирает, из пепла сожженных книг вырастает новая бессмертная книга "Дон-Кихот" Сервантеса, а из потустороннего мира до слушателя доносится трогательное пение Дон-Кихота—Шаляпина, утешающего Санчо Пансу, пение, проникнутое примиренною грустью.

Ступенью ниже, чем "прекрасное", стоит та красота, в которой есть гармония и положительное содержание, но нет высших областей духовной значительности. Такую красоту можно обозначить словами "красивость", "миловидность" и т.п.; сюда относится, главным образом в применении к движениям, — "грациозность". В живой действительности красивость присуща многим детям и множеству проявлений их; в природе сюда относятся, например, шалости котят, щенков и т.п. В искусстве к области красивости принадлежат, например, идиллии Феокрита; в русской литературе много красивости есть в произведениях Тургенева, в немецкой литературе — Шторма. На границе красивости и "прекрасного" стоит "Герман и Доротея" Гете, превосходны в смысле красивости такие творения Тициана, как "Venus Anadyomene", "Даная" (в Национальном музее в Неаполе). Творцы красивости подпадают иногда опасности впасть в слащавость, примером чего могут служить Гвидо Рени, Анжелика Кауфман.

Во всех системах эстетики много места уделяется тому виду красоты, который обозначается термином "возвышенное". Этим словом мы будем обозначать красоту чувственно воплощенной мощи и мощно влияющей значительности, к какой бы области бытия они ни принадлежали. Все, что входит в состав Царства Божия, принадлежит не только к области "прекрасного", но вместе с тем имеет также характер возвышенной красоты. Противоречия между этими двумя видами красоты нет. В нашем царстве бытия к области возвышенного может принадлежать и стихийная мощь природы, и биологическая мощь, и сила душевной и духовной жизни в проявлениях воли или чувства, и значительность событий индивидуальной или социальной жизни. Звездное небо, горная цепь Кавказа, многие виды в пустынях, в степи, на море, буря, особенно в горах или на море, принадлежат к области возвышенного. Многие героические подвиги во время войн имеют характер возвышенной красоты, — например, сражение с персами отряда царя Леонида у Фермопил, поведение наполеоновской гвардии в битве под Ватерлоо. Трагическое нередко бывает вместе с тем и возвышенным.

В искусстве возвышенное, как и трагическое, занимает почетное место. Египетские храмы, пирамиды, Партенон в афинском Акрополе, многие готические соборы, Зевс Фидия, Моисей и Давид Микель Анджело обладают возвышенною красотой. "Matthäus Passion" Себастиана Баха, прощание Вотана с Брунгильдою в "Валькириях" Вагнера суть высокие образцы возвышенного. Трагедии Эсхила, образ короля Лира, "Брандт" Ибсена также — воплощение возвышенного.

Трагическая красота возникает тогда, когда в жизни действительной личности происходит резкое и по смыслу своему значительное столкновение между идеалом совершенства, осуществимым лишь в Царстве Божием, и действительностью нашего упадочного царства психо-материального бытия; трагическим это столкновение бывает тогда, когда оно происходит в такой глубинной области духовно-душевной жизни, что завершается гибелью личности, телесной или даже духовной. Судьба Юлиана Отступника, Савонаролы, Иоанна Гуса была трагическою; столкновение между мировоззрением Петра Великого и его сына Алексея было трагическим. Все великое в нашем психо-материальном царстве стоит на грани трагического и часто становится явно трагическим; такова, например, жизнь Байрона, Пушкина, Лермонтова, Достоевского, Льва Толстого. Если голова человека высоко поднимается над средним уровнем действительности, ему часто приходится проходить между Сциллою и Харибдою, подвергаясь опасности гибели или, по крайней мере, тяжелого драматического потрясения.

В искусстве изображение "прекрасного", конечно, есть высшая задача, но разрешение ее удается лишь редким счастливцам и то лишь частично. Что же касается трагического, в искусстве можно найти много великих воплощений его. Вспомним хотя бы "Антигону" Софокла, "Короля Лира", "Отелло", "Макбета", "Гамлета" или, чтобы иметь пример гибели не только телесной, но и духовной, образ Ставрогина в "Бесах" Достоевского.

В музыке трагическая красота может быть воплощена не менее сильно, чем в поэзии.

Вспомним, например, V симфонию Бетховена, его "Эгмонта", гибель Зигфрида в "Кольце Нибелунгов" Вагнера, VI симфонию Чайковского.

Противоречие между стремлением к положительному бытию и упадочною действительностью не всегда бывает трагическим; очень часто оно принадлежит к области *комического*. Противоречие имеет комический характер, когда оно возникает не в наиболее глубокой сфере духовно-душевной жизни и зло, вообще несовершенство обнаруживает свое ничтожество, свое жалкое бессилие, легкую преодолимость и внутреннее крушение без гибельных последствий для носителей его и окружающих лиц. В зрителе оно вызывает не сострадание, а смех, — смотря по обстоятельствам — от легкой улыбки до гомерического хохота; оттенки этого смеха могут быть крайне различные — снисходительный, сочувственный, умиленный, подернутый грустью, презрительный, саркастический и т.д. Объективно этому смеху соответствует чувственно воплощенная преодолимость несовершенного бытия, что и составляет аспект красоты, заключающийся в сложном составе комического и сосуществующий в нем с безобразием.

Согласно Фолькельту, комическое состоит в переходе от принятия чего-либо за серьезное, глубокое, таинственное, благородное, возвышенное и т.п., к признанию его несерьезным, к обнаружению плоскости, бедности, пустоты (II, 366 с.). Комическое существует там, где принятое за значительное оказывается ничтожным: великое — малым, глубокое — мелким, знатное — презренным, благородное — негодным, таинственное — пошлым, целесообразное — нецелесообразным, разумное — бессмысленным, противоестественным (II, 368), и этот переход осуществляется не в понятиях, а в форме чувства (371). Далее, Фолькельт говорит, что переход от принятия чего-либо за серьезное к обнаружению несерьезности сопутствуется в наблюдателе чувством его превосходства, свободы и мощи; все это возникает из собственной внутренней жизни субъекта; следовательно, комическое наиболее глубоко входит в субъективность наблюдателя; поэтому Фолькельт признает "преимущественно субъективную природу комического" (II, 379-381). Это рассуждение — яркий пример вредного влияния психологизма, струя которого имеется в эстетических теориях Фолькельта. Субъективно-психическая сторона, описанная Фолькельтом, несомненно возникает при восприятии комического, но подлинно комическим оно бывает лишь при условии, что *объективная* сторона, т.е. состав самого предмета восприятия действительно соответствует этим субъективным переживаниям, т.е. в нем есть налицо нечто имеющее внешность значительного, а внутри ничтожное. В таком сложном целом содержится преодоление фальши, или неестественности, или притязательности и т.п. несовершенств; в этом преодолении заключается аспект объективной красоты комического, несмотря на содержащееся в нем безобразие. В противном случае, т.е. при отсутствии объективно комического сам наблюдатель становится комическою фигурою, именно обнаруживает комическое непонимание действительности, комическое самопревознесение и т.п.

Нередко одно и то же событие, например драка в кабаке, одними лицами воспринимается как комическое, а другими только как печальное. Трагическое на сцене театра часто вызывает смех у простолюдина в то время, как у образованных зрителей навертываются слезы на глазах. Такие факты используются, обыкновенно, для доказательства субъективности красоты и для релятивистических теорий эстетики. В действительности они вовсе не служат доказательством относительности таких эстетических ценностей, как комическое. Они суть следствие того, что наблюдаемое событие имеет весьма сложный состав и один зритель сосредоточивается на комической стороне его, а другой — на драматической.

Видов комического очень много. Фолькельт во втором томе своей "Системы эстетики" посвящает этому вопросу около двухсот страниц; особенно много ценных соображений дано им о юморе.

В нашем царстве бытия комическое встречается на каждом шагу, особенно в мелочах жизни: наивность детей, мелочность взрослых, смешные обмолвки, забавные недостатки и оплошности в одежде и т.п. Но и более значительные явления комического также весьма нередки: хвастовство, надутая спесь, крайняя скупость, ухищрения с целью обмануть и т.п. В искусстве комическое служит предметом изображения не менее часто, чем трагическое. Есть поэты, которых можно назвать классическими творцами комического, например Аристофан, Мольер, Гоголь. В живописи целый отдел ее, именно карикатура, служит выражению комического. Даже музыка может дать превосходные изображения комического. Вспомним, например, Фарлафа в "Руслане и Людмиле" Глинки, "Детскую" Мусоргского, "Серенаду четырех кавалеров одной даме" Бородина.

В учении о видах красоты самый важный и трудный вопрос — проблема красоты индивидуального и красоты типического. Этим вопросом мы займемся в главе "Красота человеческой жизни".

ГЛАВА 7

Красота
в природе

Красота в природе

Под словом "природа" я разумею все психо-материальное царство бытия, включая и земного человека. Но так как для нас, людей, красота человека и его жизни имеет особенно важное значение, то исследование ее будет произведено в следующей главе, а здесь речь пойдет о природе за вычетом человека.

Философское учение о красоте природы можно развить не иначе, как на основе определенной системы метафизики. Я буду опираться здесь на метафизику персонализма, т.е. на учение о том, что весь мир состоит из личностей, действительных и потенциальных, из субстанциальных деятелей. Сущность этого учения, подробно разрабатываемого мной в других моих книгах, вкратце была изложена в предыдущих главах. Я дополню здесь это изложение указанием на то, что защищаемый мною персонализм есть *иерархический персонализм*. Субстанциальные деятели психо-материального царства, будучи эгоистически сосредоточены на себе, на низших ступенях своего развития так обособлены друг от друга, как свободные электроны или протоны, несущиеся в пространстве. В этом состоянии жизнь их крайне обеднена и однообразна. Выход из этой скудости жизни достигается путем образования несколькими деятелями союзов, становящихся по мере развития деятелей все более сложными: протоны и электроны, сочетаясь, образуют атом, из атомов возникают молекулы, кристаллы и т.п., далее — одноклеточные организмы, многоклеточные организмы и т.д. Во главе каждого такого союза стоит субстанциальный деятель, сравнительно более высоко развитый, чем присоединившиеся к нему деятели; он способен организовать подчинившихся ему деятелей и управлять ими, как своими органами, так чтобы совместная жизнь их была более сложною и более содержательною, чем тогда, когда они действуют в одиночку. *Совокупность деятелей, подчинившихся* более высокому деятелю, можно назвать *телом* его. Надобно заметить, впрочем, что словом "тело" приходится обозначать, кроме того, и совершенно другое понятие, именно — *систему пространственных проявлений*, производимых главным деятелем в сотрудничестве с подчиненными ему.

Иерархический персонализм есть именно учение о только что описанном строении природы как системы *ступеней подчинения* низших деятелей более высоко развитым, системы, в которой низшие союзы могут вступать в подчинение более высоким союзам, атомы могут входить в состав молекул, молекулы в состав растительных или животных организмов, неорганическая и органическая земная природа в состав Земли, Земля в состав Солнечной системы и т.д. Все эти союзы сочетаются в одно единое целое мира, во главе которого стоит деятель особенно высоко развитый, объединяющий вместе и Царство Божие и царство природы. Таким образом, вселенная есть единое живое целое, единый организм, иерархически построенный.

Учение о том, что Земля есть живое существо и что вселенная есть единый организм, управляемый Мировою Душою или Мировым Духом, существует в философии очень много и в самых разнообразных формах. Широкая распространенность их станет ясною, если вспомнить, что сюда относятся учения Платона, стоиков, новоплатоновцев, многих натурфилософов эпохи Возрождения (Леонардо да Винчи, Парацельс, Кардан, Патриций, Кампанелла, Джордано Бруно и др.), многих пантеистов, панпсихистов и др. Из философов более близкого к нам времени вспомним Шеллинга, Фехнера, Паульсена, единый élan vital Бергсона. Из русских философов укажу на Вл. Соловьева, от. Павла Флоренского, от. Сергия Булгакова, согласно учению которых вселенная есть единый организм, управляемый св. Софиею. Мною это учение развивается в духе иерархического персонализма. Я укажу здесь вкратце те стороны его, которые имеют существенное значение для понимания красоты в природе.

Каждый субстанциальный деятель, даже электрон, действует целестремительно; следовательно, всякий процесс в природе начинается с внутреннего переживания каких-либо деятелей и завершается внешним пространственным выражением внутренней их жизни. Внутренние переживания деятелей бывают или психические, или психоидные, или гиперпсихические. Всякая высшая ступень бытия в природе возникает благодаря тому, что сравнительно выше развитый деятель объединяет низшие существа и управляет ими так, что процессы, протекающие в его теле, подчиняются не только законам (вернее правилам) низших ступеней, но и своеобразным новым законам, вследствие чего достигается новый тип жизни. Понять это можно путем сравнения с деятельностью человека, который, занимаясь химией в лаборатории, сочетает в своих ретортах и колбах вещества по-новому, так, как вне лаборатории без помощи разума человека они не встречаются и не соотносятся; отсюда возникают новые, невиданные раньше в природе соединения или разложения веществ. Не только в лабораториях, также и внутри тела каждого животного и каждого растения под руководством организующего субстанциального деятеля (под руководством души животного или растения) сочетаются неорганические и простейшие органические вещества так, что возникают процессы нового типа, называемые *физиологическими* в отличие от физических и неорганически-химических процессов. И внутренняя основа этих проявлений, стремления питания, размножения, борьба за жизнь, чувства, эмоции, гораздо более сложны и более своеобразны, чем внутренняя жизнь атома или молекулы.

Над жизнью отдельных растений и животных надстраивается жизнь еще более сложных целых, именно сообществ растений, например лес, или сообществ животных, например улей пчел, гнездо муравьев, термитов. Каждое такое сообщество есть живое существо, в состав которого, как его органы, входят деревья, пчелы, муравьи, термиты*.

---

* О иерархическом строении природы см., напр., брошюру К. Старынкевича "Строение жизни", с предисл. Н. Лосского,

Остановимся подробнее на человеческих сообществах, и притом наиболее высоко развитых, имеющих национальное сознание и самостоятельную государственность. Нация-государство есть единое живое существо; во главе этого сложного целого стоит субстанциальный деятель, дух нации, подчиняющий себе, как свои органы, отдельных людей, граждан, выполняющих такие государственные деятельности, как война, судебные процессы, сбор пошлин, или такие культурные деятельности, как художественное творчество, научные исследования, обучение детей и юношей и т.п. Жизнь такого государства есть *социальный* процесс, отличный от физиологических и индивидуально-психических процессов, совершающихся в организме отдельных граждан. Законы (вернее правила) социальных процессов не могут быть разложены и сведены к более простым физиологическим законам или законам душевной жизни отдельных людей. В самом деле, военные действия, например, содержат в себе физиологические процессы и душевные состояния отдельных людей, но они объединены в такие

Прага, 1931, также E. Oldekop, Ueber das Hierarchische Prinzip in der Natur und seine Beziehungen zum Mechanismus-Vitalismus Problem, F. Wassermann, Reval, 1930.

пространственные единства и так сочетаются во времени, что отсюда получается уже новый тип бытия, бытие социальное.

Внутренняя сторона социального бытия не есть только сумма душевных состояний отдельных граждан. Отдадим себе отчет в этом хотя бы на примере строения чувственных восприятий социальной личности, которую мы назвали духом нации. Подобно тому, как у человека два глаза, два уха и другие органы чувств содействуют сложности и многосторонности восприятия предмета внешнего мира, так аналогичную услугу оказывают социальной личности входящие в состав ее тела граждане, служа ей органами восприятия предметов. Положим, группа русских экскурсантов любуются собором св. Софии в Новгороде. Одни из них стоят спереди собора, другие с боков, третьи, находясь внутри собора, воспринимают пространственные формы его, четвертые рассматривают иконы. Вся совокупность этих восприятий собора, снаружи и изнутри, которые у экскурсантов разрознены, существует в сознании социальной личности как единое целое. Я вовсе не утверждаю, будто состояния сознания экскурсантов сливаются в одно целое в сознании социальной личности: такое утверждение было бы нелепостью, потому что акт сознавания такого-то лика на иконе, или такого-то купола, производится лишь данным экскурсантом и не может стать вместе с тем актом другой личности. Фрагментарные восприятия экскурсантов содействуют возникновению нового сложного акта сознавания социальной личности таким же способом, каким акты восприятия зрительных центров экскурсанта содействуют возникновению зрительного восприятия, производимого его личностью: они служат для социальной личности стимулом направить свои духовные деятельности осознания на все осознанные экскурсантами фрагменты предмета и, сверх того, осознать еще в нем те соотношения этих фрагментов, которые сочетают их в единое целое и не восприняты, а только, может быть, представлены в воображении экскурсантами. Для теории эстетики нам очень пригодится в дальнейшем это учение о восприятиях существ, стоящих на высших ступенях развития, чем человек.

Рассмотрим еще один пример из области других более сложных деятельностей. Положим, два государства-нации находятся в неприязненных отношениях, ведущих к возникновению войны между ними. Дипломатические донесения и доклады, впечатления и переживания лиц, командируемых государством к враждебному соседу, переживания и донесения разведчиков, переживания туристов, — все эти состояния сознания подчиненных агентов в значительной мере осознаются также и возглавляющею их социальною личностью государства-нации. Весь этот материал содержит в себе не только знание о враге, но и крайне разнообразные чувства и эмоции в отношении к нему. И социальная личность, душа нации, осознавая или подсознательно испытывая тревожные переживания своих членов, сама переживает соответствующие чувства в отношении к врагу и предпринимает сложные социальные действия, подготовляющие защиту от врага или нападение на него. Сочетания чувств социальной личности с чувствами и эмоциями членов ее образуют сложное целое, аналогичное человеческим *эмоциям*. Чтобы яснее представить себе, как возникают такие сочетания переживаний главного субстанциального деятеля с переживаниями подчиненных ему элементов его тела, можно обратиться к моей статье "Психология человеческого Я и психология человеческого тела"*.

Так как переживания социального субстанциального деятеля включают в себя неред-

---

* Зап. Научн. Института в Белграде, 1940, вып. 17.

ко, как элементы, целую духовно-душевную жизнь граждан нации, то уже из этого следует, что их строение и надстраивающееся над этими элементами объединяющее содержание глубоко отличается от нашей человеческой душевной жизни. Поэтому мы обозначаем их термином "гиперпсихические процессы". Отличие от нашей душевной жизни окажется еще более глубоким, если мы примем в расчет, что государство-нация состоит не только из социальной личности и подчиненных ей человеческих особей, но имеет еще, как свой орган, и какую-либо территорию. Поэтому ландшафт в двух соседних национальных государствах имеет индивидуальную, отличающуюся друг от друга физиономию. Это резко бросается в глаза, например, при переезде из Германии во Францию.

Все человеческие социальные единства, весь растительный и животный мир, вся суша и океаны вместе суть единое живое существо, Земля. Во главе этого существа стоит *планетарная личность*, дух Земли, органами которого служат народы, растения, животные, реки, моря, океаны, атмосфера. Жизненные процессы Земли представляют собою своеобразное целое, подчиненное особым законам (правилам), отличным от физических, химических, биологических и социальных процессов. Планетарные процессы суть движения вокруг своей оси и вокруг Солнца, движение в мировом пространстве вместе со всею нашею солнечною системою, магнитные бури, приливы и отливы, геологические процессы, циклоны и антициклоны, грозы и т.п. В этот могучий поток жизни входит также и вся жизнь царства растений, животных и человеческих обществ. Смена дня и ночи в западном и восточном полушарии, смена зимы и лета в северном и южном полушарии и связанные с ними изменения жизни растений и животных имеют особенно глубокое значение для высших сложнейших гиперпсихических переживаний Земли*.

Наша Солнечная система есть живое существо еще более высокого порядка, чем Земля, Юпитер, Венера и другие планеты. Наконец, последнюю и самую высокую ступень иерархии мирового бытия занимает вселенная в целом как всеохватывающий живой организм. Во главе ее стоит личность, объединяющая в одно целое Царство Божие и наше психо-материальное царство. В тварном мире эта лич-

---

* Учение об одушевленности Земли особенно подробно изложено физиком-философом *Фехнером* в его труде "Zend-Avesta", I изд., <Lpz.,> 1851.

ность есть высший выразитель и исполнитель велений Мудрости Божией, и поэтому можно обозначить ее именем св. Софии. В земном своем воплощении это существо есть Божия Матерь, Дева Мария.

В русской философской литературе очень распространено учение о Софии как Мировой Душе или, вернее, как Мировом Духе, объединяющем вселенную и организующем ее. Оно выдвинуто на первый план в философии Вл. Соловьева, от. П. Флоренского, от. С. Булгакова. Это учение осуждено Православною церковью не во всех своих видоизменениях, а только в том виде, как оно выражено от. С. Булгаковым, который полагает, что существуют две Софии — *Божественная София*, живое существо, находящееся в составе самой внутритроичной жизни Бога, и *тварная София*, личность, возглавляющая тварный мир. Церковь отвергает бытие Божественной Софии как существа, находящегося в Самом Боге. И в самом деле, это учение вызывает ряд сомнений и возражений, которые высказаны мною в статье моей "О творении мира Богом" ("Путь", 1937). Та св. София, о которой я говорю как о Мировом Духе, есть тварное существо, а не аспект бытия Самого Господа Бога.

Бердяев называет свое мировоззрение персонализмом, но он решительно отвергает иерархическое строение мира и возражает против моего иерархического персонализма. Он полагает, что учение о включении деятеля в органическое целое высшего порядка и подчинение его более высоко развитой личности несовместимо с учением о свободе деятеля. Возражение это основано на недоразумении. Рассмотрим с этой стороны, например, какое-либо человеческое социальное целое, государство—нацию, и подчинение гражданина этому целому. Придерживаясь учения о перевоплощении, я утверждаю, что деятель, стремящийся усвоить человеческий тип жизни, свободно выбирает для своего воплощения семью и нацию, тип жизни которой соответствует его инстинктам и страстям. Став взрослым, он может начать испытывать неудовлетворение жизнью в среде своей нации; в таком случае он может эмигрировать или, оставаясь на территории своего народа и будучи по паспорту гражданином данного государства, может стать чуждым, даже враждебным ему существом, например во время войны может стать пораженцем. Свобода воли есть неотъемлемое свойство каждого деятеля, не утрачиваемое им и при иерархическом строении мира.

Из числа упомянутых выше учений, согласно которым во главе вселенной стоит Мировая душа и управляет миром так, что он представляет собою единый живой организм, развивающийся в направлении все большего совершенства, я отмечу здесь особенно философию Шеллинга. В своем труде "System des transcendentalen Idealismus"* Шеллинг задается вопросом, как возможна *практическая* деятельность человека, состоящая в том, что человек способен переходить от выработанного им представления о вещи к созданию согласной с ним вещи, например от представления о корабле к построению корабля. Это возможно, говорит он, в том случае, если деятельность природы, бессознательно создающая мир объектов, например железо, дерево, смолу и т.п., и сознательная деятельность человеческой воли — тожественны. Лучшим доказательством этого тождества он считает эстетическое творчество, так как оно содержит в себе сочетание сознательной и бессознательной деятельности (с. 347 сс.). В художественных произведениях человека есть сочетание природы и свободы, воплощение бесконечного в конечном (612 с.). Исходя из этого учения о сходстве эстетическо-

---

* 1800 г., III т. собр. соч.

го творчества с творчеством природы, Шеллинг говорит, что объективный мир, т.е., например, Солнечная система или на Земле океаны, реки, горы, растения, животные, суть первобытная, еще бессознательная *поэзия духа* (349). Поэтому философию искусства он считает общим "органом" философии, т.е. средством для решения основных философских проблем. Наука и философия, говорит он, возникли из поэзии (мифологии) и вернутся к ней (629).

"Система трансцендентального идеализма" — одно из ранних произведений Шеллинга: в 1800 г. ему было только двадцать пять лет. В этом труде, как видно из самого заглавия его, в нем еще слишком силен гносеологизм Канта и Фихте в первом периоде его деятельности. Такой же характер имеют и его натурфилософские теории этого времени. В них он выводит природу, как систему объектов, из условий возможности сознания и самосознания. Дайте мне, говорит он, сущность, обладающую противоположными деятельностями, из которых одна направлена в бесконечность, а другая стремится себя в этой бесконечности созерцать, и я заставлю вас произвести отсюда интеллигенцию со всею системою ее представлений (422).

Везде в природе Шеллинг находит деятельность противоположных сил, полярность, например отталкивание и притяжение, отрицательное и положительное электричество. Одна из этих деятельностей направлена в бесконечность, сама по себе она дала бы нечто неограниченное, неопределенное; чтобы получилась определенность, необходима противоположная ей деятельность, ограничивающая; из сочетания этих двух деятельностей получается продукт, определенный в пространстве, конечный объект, наглядное представление*. Не следует, однако, думать, будто объект есть только объект: всякий объект есть субъект-объект, т.е. имеет в себе и внутреннюю, субъективную сторону, и внешнюю, объективную; разница между разными субъект-объектами лишь та, что в одних из них, стоящих на низшей ступени, имеется перевес бытия, т.е. объективности, а в других, более высоко развитых, — перевес знания, т.е. субъективности**. Строго говоря, конечно, под минимальною субъективностью Шеллинг имеет здесь в виду не знание, а вообще внутренние процессы, которые мы назвали бы психоидными.

Учение о вселенной как едином живом организме, развиваемое мною в духе персонализ-

---
* Ideen zur Philosophie der Natur, 1797, II, 214-236.

** Darstellung meines System der Philosophie, 1801, IV, 123.

ма, глубоко отличается в некоторых существенных основах своих от изложенного учения молодого Шеллинга. Множество существ, из которых состоит мир, я рассматриваю как множество личностей, сотворенных Богом, а не как множество проявлений единого Духа, стремящегося достигнуть самосознания путем объективации. Противоположные силы, направленные друг *против* друга, действуют только в нашем психо-материальном царстве, а не в Царстве Божием. В нашем царстве бытия противоборство сил есть противоборство личностей, эгоистичных и потому вступающих во враждебные отношения друг к другу. Сочетание действий сил отталкивания, которые вовсе не проявляются в Царстве Божием, и сил взаимного притяжения создает *материальную* телесность в нашем царстве бытия, пронизанную чувственными качествами света, звука, тепла и т.д. Процессы, обладающие этими качествами, суть воплощение внутренних переживаний воли и чувства, все они целестремительны и цель их есть жизнь, т.е. осуществление или использование самых разнообразных ценностей; в конечном итоге в основе всех этих деятельностей лежит жажда полноты жизни. Пространственные воплощения этих деятельностей нельзя называть словом "объект" в *кан-*

тианском смысле этого термина, т.е. в смысле "явления", творимого *познавательною* способностью субъекта для осуществления сознания и самосознания.

Все процессы в природе, согласно персонализму и панвитализму, суть проявления жизни ее: все они целестремительные длясебясущие, т.е. самопереживаемые деятельности, следовательно, все они пронизаны *душевностью* и даже отчасти *духовностью*. В основе всех процессов в конечном итоге лежит инстинктивное или даже иногда сознательное стремление к абсолютной полноте жизни. Отсюда следует, что на всех ступенях природы существует красота или безобразие потому, что красота есть чувственное воплощение положительных, а безобразие есть чувственное воплощение отрицательных черт душевности или духовности.

Во главе высших ступеней иерархии природы стоят существа, способные, как и человек, *осознавать* некоторые из своих переживаний, а также некоторые из процессов в своем теле и в окружающей среде. Отсюда следует, что Дух Земли, управляющий всею нашею планетою, которая составляет его тело, может в одних случаях сознательно, в других инстинктивно стремиться к красоте своего тела. На самых низших ступенях природы Земли, даже в области неорганических процессов можно встретить красоту, творимую силою молекул, кристаллов и т.п., не предоставленных лишь самим себе, а руководимых таким высоким деятелем, как Дух Земли. Рассмотрим эту красоту Земли, направляясь сверху вниз, именно начиная с обширных областей Земли, доступных восприятию человека, и спускаясь далее к царству животных, растений и, наконец, к предметам неорганической природы.

Во многих местах Земного шара, например в большей части Европейской России, все четыре времени года, весна, лето, осень и зима, ярко выражены, и каждое из них проникнуто своеобразным настроением, каждое имеет свою особую прелесть. Весна есть как бы пробуждение от сна, бодрое, радостное, полное свежих, юношеских сил для новой жизни. Уже весенняя капель, таяние снегов и отовсюду бегущие журчащие ручейки полны бодрой жизнедеятельности. А когда появляются молодые ростки травы, нежная свежая листва на деревьях, слышится весеннее пение птиц, человек вместе с природою испытывает какое-то смутное космическое влечение вдаль и сознает себя частицею всеобщего неиссякаемого потока творческой жизни.

Летом, когда поля, луга и леса залиты горячими лучами солнца, вся природа наслаждается полнотою жизни. В жаркий полдень на опушке леса, где он сочетается с лугами и полями, природа как будто предается сладкой дремоте, удовлетворенная мощью жизни, подобно сильной молодой матери, только что накормившей грудью своего ребенка и вместе с ним отдыхающей от напряженной жизнедеятельности.

Прекрасна и осень, когда жизнь природы ослабевает и проникается настроением тихой, величественной грусти.

> Унылая пора, очей очарованье,
> Приятна мне твоя прощальная краса.
> Люблю я пышное природы увяданье,
> В багрец и золото одетые леса.
>
> (Пушкин, *Осень*)

Прекрасна и зима, когда белая снежная пелена покрывает поля и луга и залитая солнечным светом сверкает всеми цветами радуги в кристаллах снега, преломляющих солнечные лучи, а деревья, опушенные инеем, образуют какой-то сказочный волшебный мир. Когда небо покрывается серыми облаками и холодный ветер гонит по полям струйки снега, навевая из них сугробы с красивыми складками и завитками у какого-нибудь пня или косогора, слышится жалобный свист, от которого щемит сердце, и все же и здесь природа сохраняет свою красоту.

Описывая одушевленность природы, человек, конечно, принужден пользоваться словами языка, выработанного для изображения человеческой душевной жизни. Поэтому все, что было только что сказано о настроениях времен года, не передает их точно, имеет слишком антропоморфический характер и дает повод утверждать, будто все это есть только произвольное "вчувствование", т.е. вкладывание наших собственных переживаний в формы, краски и звуки природы, которая в действительности бездушна. Но всякий, у кого есть чуткость к чужой внутренней жизни, исходя из этих неточных описаний, вспомнит свои восприятия настроений природы в их невыразимом человеческими словами своеобразии и не усомнится в объективном значении их.

Особенно в тех случаях, когда природа проявляет исключительно напряженную активность, становится ясно, что внутренняя жизнь ее глубоко отличается от нашей. Вспомним разгул стихий во время грозы, когда змеистые молнии перерезывают небо и страшные удары грома потрясают землю; не менее грозно бывает беснование стихий, когда морской прибой с грохотом ударяется о прибрежные скалы, ураган вздымает исполинские волны и они перекатываются через палубу судна. Кто слышал землетрясения, тот знает, что этот звук, охватывающий человека сразу со всех сторон, ни с чем не сравним. Исключительные по своему содержанию проявления присущи вулканам. Поднявшись верхом на лошади на Везувий до верхней полосы его, покрытой вулканическим пеплом, я в нетерпении отделился от своей компании и взбежал на край кратера; в это время вулкан издал глубокий вздох, своеобразный звук которого и до сих пор стоит в моих ушах, когда я вспоминаю о нем. Внутренняя жизнь, которою проникнуты все эти значительные проявления природы, относится чаще всего к области гиперсихического, которое словами не может быть передано, но есть искусство, которое с величайшею непосредственностью способно вводить в эту жизнь: это — музыка. Во многих произведениях Бетховена, страстного поклонника природы, передана гиперпсихическая или иногда психоидная жизнь ее, отличная от жизни человека.

Земная поверхность вместе с растительностью, а также с животным и человеческим миром, поражает обилием ландшафтов, проникнутых своеобразною красотою, представляющей собою чувственное воплощение глубоко отличных друг от друга содержаний космической жизни. Особенно горы и воды украшают Землю. Бесконечные просторы океанов, морей, степей представляют собою один аспект этой жизни, горные цепи — другой, глубоко отличный. Из бесчисленного разнообразия горных красот возьмем хотя бы то, что можно видеть на каждом шагу в Альпах, на Кавказе или даже среди холмов средней Европы, — скалистые, суровые склоны гор, изрезанные множеством оврагов; когда они освещены солнцем сбоку, тени ложатся на овраги и резко выдвигают выступы, отделяющие их друг от друга. Каждый из них воплощает собою упорное самоутверждение, завоевание себе места под солнцем. Проплывающее по небу облако покрывает всю эту картину тенью, исчезают детали ее и разграничения, жизнь каждого листка, каждого кристалла скал глубоко меняется, но через минуту, когда тень от облака спускается в долину, опять солнечное богатство жизни возрождается. Во всем этом процессе перед нами осуществляется громадная активность природы, полная красоты.

Есть много альбомов и книг, изображающих красоты различных стран. Я сделаю беглый краткий обзор красоты Земли, руководясь главным образом двенадцатью томами обширного коллективного труда "Handbuch der geographischen Wissenschaft in Natur, Kultur und Wirtschaft", изданного д-ром F. Klute. Горы дают много незабываемых впечатлений. В Альпах на Фирвальдштетском озере каждый шаг открывает новые и новые чудные виды; особенно красива картина, открывающаяся из Felsenwegtunnel. Вообще прекрасны виды озер с отражающимися в их водах вершинами гор, покрытых вечным снегом. Прекрасные виды на Юнгфрау и с Юнгфрау. Вид на Монблан с Col du Géant особенно поражает своею суровостью. В Кавказских горах есть виды еще более величественные, но там нет того богатства сочетаний красок природы и культуры, которые так привлекательны в Альпах. О преображающей душу красоте общего вида цепи гор Кавказа было уже сказано выше словами Льва Толстого. Особенно грандиозны виды, открывающиеся на Военно-Сухумской и Военно-Осетинской дороге. Кому случалось жить летом в Кисловодске, тот, наверное, предпринимал поездку на гору Бермамут, чтобы с нее любоваться на Эльбрус при восходе солнца.

Кроме европейских горных красот, нужно вспомнить еще о бесчисленном множестве горных цепей других материков: величие Гималаев, разнообразие прекрасных пейзажей в Северной и Южной Америке, в Африке. Некоторые пейзажи являются своего рода причудами Земли или имеют характер чего-то фантастического, например каньон Колорадо или пирамидальные скалы в штате Utah, как результат выветривания (IV т. "Handbuch der geog. Wiss.", стр. 334). Прекрасны голубоватые благодаря эвкалиптовым лесам горы Нового Южного Уэльса в Австралии, впечатление чего-то призрачного производят вертикальные базальтовые скалы в Тасмании (III, 24, 193). Многие вулканы представляют собою нечто чарующее, например Везувий, Этна, Оризава в Мексике, Фудзияма в Японии. Своеобразная красота присуща плавающим ледяным горам, также льдам Гренландии (IV, 496). Пещеры с их своеобразною жизнью в прошлом и настоящем, с их величественными залами, реками, низвергающимися в темные пропасти, как, например, в Адлерсбергской пещере, манят к себе своею таинственностью.

Высокую красоту придают Земле воды — моря и океаны, реки и озера. Особенная прелесть есть в сочетаниях моря и суши, например на Босфоре, в изящных извивах берегов Ривьеры, Крыма, фиордов Норвегии. Краски и формы коралловых рифов в Океании (III, 149, 240) с растущими на них пальмами и игрою света на воде превосходят своим великолепием всякую роскошь, создаваемую человеком. Итальянские озера, Маджиоре, Комо, Гарда, швейцарские озера, озеро Вельдес вблизи Люблян — всеми признанные сокровища красоты. Есть целые озерные области, поражающие своею красотою: таковы, например, озера Южного Лабрадора, окруженные лесами (IV, 32), или озера в вулканической области Новой Зеландии, окруженные богатою субтропическою растительностью.

Красота и разнообразие водопадов всем известны. Напомню только, что самые величественные водопады находятся в Африке на реке Замбези и в Южной Америке (II, 26, 28).

Леса, травяные степи, пустыни и болота вносят много своеобразных красот в жизнь Земли. Настроения леса хвойного, лиственного, смешанного, лесов северных, лесов тропических крайне разнообразны, и это разнообразие еще увеличивается сменою времен года и изменениями освещения. Степи на юге Европейской России в то время, когда они не были еще превращены в сплошные поля пшеницы и оставались "зеленою, девственною пустынею", поражали своим великолепием. "Вся поверхность земли", говорит Гоголь ("Тарас Бульба") "представлялась зелено-золотым океаном, по которому брызнули миллионы разных цветов. Сквозь тонкие, высокие стебли травы сквозили голубые, синие и лиловые волошки; желтый дрок выскакивал вверх своею пирамидальною верхушкою; белая кашка зонтикообразными шапками пестрела на поверхности; занесенный Бог знает откуда колос пшеницы наливался в гуще". "Черт вас возьми, степи, как вы хороши", заключает свое описание их Гоголь. И в наше время в окрестностях Кисловодска можно видеть такую волшебную красоту буйной растительности. Океаны травяных степей представляют собой саванны Африки, льяносы Венесуэлы в Южной Америке (II, 40), саванны Бразилии (152); особенно красивы те степи, в которых растут на порядочном расстоянии друг от друга пышные деревья; таковы, например, похожие на парк саванны Колумбии с раскиданными по ним пальмами (424).

Значительная красота свойственна пустыням. Величие, например, Сахары так поражает душу человека, что приближает ее к Богу.

Болота, согласно современным исследованиям, представляют собой, подобно лесу или степи, органические единства целостной жизни. Поэтому не удивительно, что они обладают своеобразною, нередко могучею красотою. Таковы, например, болота на берегах Дуная в Венгрии, заросшие тростниками, болота на верхнем течении Нила, покрытые папирусами (I, 171), болота с тропическою растительностью по берегам Амазонки (II, 168).

Сочетания природы и человеческой культуры создают замечательные красоты пейзажа, проникнутого гармоническим соотношением между душою народа и географическою средою, в которой он живет. Это ярко чувствуется при переезде, например, из Германии во Францию, если сравнить пейзажи Шварцвальда и мягкие, скромно изящные сочетания деревень, замков и дворцов с рощами и лугами на пути от Нанси до Парижа. Переехав из Франции через Ламанш, на пути от морского берега до Лондона, мчась среди лугов и полей, осеняемых раскиданными среди них развесистыми деревьями, чувствуешь себя опять попавшим в совершенно новую среду. Во Франции Бретань, пожалуй, самая фантастическая из всех стран мира: причудливо изрезанные суровые морские берега, деревья, похожие на исполинских змей, поднявшихся во весь свой рост, каменные распятия у дорог, высокие заборы и живые изгороди, отделяющие каждое земельное владение от всего мира и выражающие крайний партикуляризм местного населения, — все, что видишь в этой стране, наводит на мысль о таинственной связи ее с какими-то неизвестными нам силами Земли. К числу особенно резких контрастов принадлежит переход от типичных пейзажей Финляндии, суровых и колючих с четко очерченными формами домов и протестантских кирок, к мягким пейзажам Средней России, например на верхнем течении Волги, с куполами церквей и белыми стенами монастырей.

В сделанном мною беглом обзоре красот Земли было обращено внимание главным образом на эффектные, грандиозные, экзотические и т.п. пейзажи, привлекающие к себе всех своею красотою. Но чуткий глаз находит бесчисленные не менее ценные красоты и в самых обыкновенных пейзажах. Кто вжился в дух России, тому не нужно ехать непременно в Крым или на Кавказ, чтобы любоваться природою. Березовые рощицы Средней России, извивы наших тихих, медленно текущих рек, озера Витебской губернии, холмы и открывающиеся с вершины их виды на моря лесов, луга и поля таят в себе много очарования. Мало того, глаз поэта, Пушкина, Лермонтова, Блока, открывает ценность даже и самых обыденных видов.

Люблю песчаный косогор,
Перед избушкой две рябины,
Калитку, сломанный забор,
На небе серенькие тучи,
Перед гумном соломы кучи —
Да пруд под сенью ив густых,
Раздолье уток молодых*.

В живописи скромная и в то же время высокая красота Средней России выражена в творениях Левитана, например в картине "Над вечным покоем".

В красоте пейзажа существенное значение имеет присущее ему настроение. Долины среди холмов с мягкими очертаниями, покрытых лиственным лесом, с ручьем, образующим миниатюрные водопады и журчащим то громче, то слабее, при ярком солнечном освещении привлекают к себе внимание туриста единством своей жизни, проникнутой мирным настроением. Мрачное неприветливое ущелье, среди суровых голых скал с водопадом, падающим на острые обломки камней, лежащих беспорядочною грудою, производит впечатление жилища темного духа, враждебного всему живому. Таков, например, один из водопадов в Нацио-

---

* Пушкин. Странствие Онегина, XVI.

нальном парке Иосемити в Калифорнии. Согласно учению о всеодушевленности природы, эти настроения, находимые нами в пейзаже, суть восприятие, правда весьма несовершенное, действительной жизни природы, а вовсе не антропоморфическое "вчувствование" в нее наших собственных состояний. Мифы всех народов содержат в себе эту истину; в особенно высокой форме она выражена в мифологии древних греков*.

Мифическое восприятие природы стоит ближе к истине, чем современное, так называемое "научное" миропонимание**. Способность к этому восприятию сохраняется и в наше время у первобытных народов, у детей и у большинства художников, разумея под этим словом не только живописцев, но и деятелей во всех остальных областях искусства. В "Ундине" Жуковского (содержание этой прекрасной поэмы взято из прозаической повести Ламотт-

---

* Содержание греческой мифологии чрезвычайно поэтично передано в книге Ф.Ф. Зелинского "Сказочная древность", изд. Сабашниковых, Пгр. 1922.

** См. об этом две мои статьи: Интеллект первобытного человека и просвещенного европейца. Совр. Зап., 1926, вып. 28; "Мифическое" и современное научное мышление. Путь, 1928.

Фукэ) много раз превосходно изображено смутное, колеблющееся восприятие не то обыкновенных предметов природы, не то превращения их в человекообразные существа.

>...В темный
>Лес он со страхом глядит, и ему
>   показалось, что в самом
>Деле сквозь черные ветви смотрит
>   кивающий призрак...
>Шутку с ним глупая робость сыграла;
>   кивающий образ
>Был не что иное, как быстрый ручей,
>   из средины
>Леса бегущий и с пеной впадающий
>   в озеро.

Высокоталантливый философ Д.В. Болдырев, слишком рано умерший в условиях гражданской войны, показал в своей статье "Огненная купель", что такие восприятия могут содержать в себе прозрение в другой мир, скрывающийся под внешнею оболочкою природы*. Целью статьи Болдырева был подход к

---

* Д.В. Болдырев. Огненная купель. Русская мысль, 1915; чтобы познакомиться с Д.В. Болдыревым, надо читать изданную вдовою его книгу "Знание и бытие", Харбин, 1935.

выработке теории "фантастического" как реальности, принадлежащей к иной области бытия, чем наша. Хорошо говорит об этой реальности фантастического Вл. Соловьев: "Существенный интерес и значение *фантастического* в поэзии держится на уверенности, что все происходящее в мире и особенно в жизни человеческой зависит, кроме своих наличных и очевидных причин, еще от какой-то другой причинности, более глубокой и многообъемлющей, но зато менее ясной". "И вот отличительный признак *подлинно* фантастического: оно никогда не является, так сказать, в *обнаженном* виде". "В подлинно фантастическом всегда оставляется внешняя, формальная возможность простого объяснения из обыкновенной всегдашней связи явлений, причем однако это объяснение окончательно лишается внутренней вероятности. Все отдельные подробности должны иметь повседневный характер, и лишь связь целого должна указывать на иную причинность"*.

Особенно умело изображал такое переплетение различных областей бытия романтик Гофман, например в прелестной повести "Зо-

---

* Вл. Соловьев. Предисловие к "Упырю" графа А.К. Толстого. Собр. соч., VIII, 410 с.

лотой горшок". У Гете оно выражено в стихотворении "Лесной царь". Детскому сердцу Ариэля-Шелли была открыта жизнь природы, недоступная нашему замутненному взору. Во II-м акте "Освобожденного Прометея" Шелли есть много песен духов и бесед океанид, в которых рисуются образы прекрасных существ, живущих в аромате цветов, в лучах света, во всех гармоничных обителях природы.

В живописи есть превосходные, отчасти символические изображения внутренней жизни природы. "Наяды" Беклина передают стихийную жизнь, глубоко отличную от жизни человека; "Пан" Беклина, "Пан" Врубеля, "Смерть Прокриды" Пьеро ди Козимо вводят в жизнь еще более своеобразную, имеющую, вероятно, гиперпсихический характер. Швиндт в своей картине "Рюбецаль" изображает обвал как следствие толчка о скалу ногою горного духа Рюбецаля. Конечно, в этой картине активность природы изображена Швиндтом символически, но основная тенденция ее правильна — показать, что действия природы целестремительны и обусловлены всеодушевленностью ее.

Музыка еще непосредственнее, еще прямее передает психоидную жизнь стихий или гиперпсихическую жизнь значительных областей природы. В большинстве случаев, когда мы сознаем значительность музыки, например Бетховена, и не можем найти в ней программного человеческого содержания, она передает полную красоты нечеловеческую внутреннюю жизнь природы, воплощенную в звуках.

Само собою разумеется, поэтические изображения жизни природы не всегда представляют собою описание ее действительной душевности: прозревая всеодушевленность Земли, поэты часто, пользуясь отдаленным сходством между явлениями природы и человеческой жизни, воплощают человеческие переживания в образы таких предметов, которые не могут быть носителями их. Таково, например, чудной красоты стихотворение Лермонтова "Утес":

> Ночевала тучка золотая
> На груди утеса великана;
> Утром в путь она умчалась рано,
> По лазури весело играя.
>
> Но остался влажный след в морщине
> Старого утеса. Одиноко
> Он стоит; задумался глубоко,
> И тихонько плачет он в пустыне.

Нельзя, конечно, думать, что тучка "весело играет" или утес "задумался" и "плачет".

Но не следует забывать, что и тучка и утес суть органы великого существа, Земли, способного к переживаниям еще более сложным, чем человеческие, и дуновение ветерка, несущего тучку, или нежные прикосновения его к колеблемым им листьям могут быть проявлением чего-то аналогичного игре, творцом которой является значительная органически цельная область Земли.

От значительных областей природы перейдем к отдельным представителям тех царств ее, которые стоят ниже человека, — к животным, растениям, минералам. Формы животных и выражение в них характера их содержат в себе чрезвычайно разнообразные проявления красоты. Напомним вкратце только хотя бы благородство породистой лошади, царственное величие льва, кротость лани, грациозность прекрасноглазой газели, солидность сенбернара, изящество борзой. Есть что-то особенно манящее к себе и привлекательное в царстве птиц. Здесь, как и среди млекопитающих, представлены самые различные виды красоты: царственная красота орла, миловидность ласточки, красота голубя, сивоворонки, колибри. Во многих зоологических музеях, например в Дрездене, можно видеть хвосты павлинов, поражающие пышностью красок и узоров. Среди насекомых удивительна красота многих бабочек, этих летающих цветков. "Смотри, мама, цветки летают", сказал однажды мой маленький сын. Очень красивы узоры на крыльях некоторых жуков. Геккель издал большие альбомы: "Kunstformen der Natur". В них можно найти тысячи видов преимущественно одноклеточных организмов животных и растений, но есть и более сложные: моллюски, медузы, морские звезды, рыбы, мхи, папоротники. Многие из них изумляют красотою своих форм, узоров и красок.

"Высшие животные", говорит В. Соловьев, " — птицы и еще более некоторые млекопитающие (семейство кошачьих, также олени, серны, лани и т.д.) помимо красивых наружных покровов представляют и во всем своем телесном виде прекрасное воплощение идеи жизни, — стройной силы, гармонического соотношения частей и свободной подвижности целого"*.

Низшие животные, изображенные в альбомах Геккеля, обладают красотою менее высокого типа. Привлекательность их сводится преимущественно к симметрии форм и узоров или к нежности красок. В свое время они по-

---

* Красота в природе, VI т., стр. 62 с.

влияли на прикладное искусство, на дамские рукоделия, но скоро приелись своим сравнительным однообразием. Геккель сказал, что красота этих форм выше красоты Мадонн христианского искусства. Это заявление свидетельствует лишь о том, что основатель "Союза монистов", цель которого была создать религию более высокую, чем христианство, или был слеп к высшим ступеням красоты, или же был предубежден против них вследствие свирепой ненависти к христианству.

Многие проявления животных очень красивы. Так, например, красив бег лошади. Едучи в коляске, особенно если сидеть рядом с кучером, можно часами любоваться движениями ног лошади. Даже такое нескладное животное, как жирафа, бежит очень красиво. Однажды в каком-то африканском фильме был показан бег стада жираф сначала с естественною скоростью, а потом в замедленном темпе. При медленном движении ленты, когда можно было видеть все фазы движения, оно оказалось удивительно изящным. Всем известна грациозность игр котенка; очень мила шаловливая грызня щенят. Полет многих птиц, например ласточки, чайки, весьма красив. Особенно много можно было бы сказать о пении птиц. Когда раннею весною перед закатом солнца певчий дрозд садится на вершину дерева и начинает петь, звуки его песни в сочетании с ясным предзакатным небом и начинающимся пробуждением весенней жизни составляют нечто невыразимо прекрасное. О соловье Вл. Соловьев говорит, что его "песня есть преображение полового инстинкта, освобождение его от грубого физиологического факта, — это есть животный половой инстинкт, воплощающий в себе *идею любви*". Здесь "идеальное начало овладевает вещественным фактом, воплощается в нем, и с своей стороны материальная стихия, воплощая в себе идеальное содержание, тем самым преображается и просветляется" (стр. 38).

О пении жаворонка, взлетающего к небу, кн. Е. Трубецкой говорит, что это — "солнечный гимн, выражающий полную победу полуденного солнца и ослепительное сияние небесного круга". "В мире здешнем", прибавляет он, "есть бесчисленное множество намеков на световую и вместе звуковую симфонию мира грядущего"*.

Красота не есть только служебная ценность, т.е. ценность лишь *средства* для достижения какой-либо цели; она есть *самоценность* так же, как нравственное добро, исти-

---

* Кн. Е. Трубецкой. Смысл жизни. Москва, 1918, стр.138.

на, свобода и т.п. Вл. Соловьев говорит: "Многие прямолинейные умы старались свести к утилитарным основам человеческую эстетику в интересах позитивно-научного мировоззрения", но "величайший в нашем веке представитель этого самого мировоззрения (именно Дарвин. — *Н.Л.*) показал независимость эстетического мотива от утилитарных целей даже в животном царстве и чрез это впервые положительно обосновал истинно-идеальную эстетику". "Особи активного пола, самцы преследуют самку и вступают из-за нее в борьбу друг с другом; и вот оказывается, говорит Дарвин, вопреки всякому предвидению, что способность различным образом *прельщать* самку имеет в известных случаях большее значение, нежели способность побеждать других самцов в открытом бою" (63 с.). "У многих видов сложные украшения самцов не только не могут иметь никакого утилитарного значения, но прямо вредны, ибо развиваются в ущерб их удобоподвижности, — мешают им летать или бегать, выдают их с головою преследующему врагу; но, очевидно, для них красота дороже самой жизни". Любовь к красоте побуждает иногда животных "впадать в предосудительные крайности. Так самка южноафриканского вида Chera progne покидает самца, если он случайно потерял длинные хвостовые перья, которыми он украшается в эпоху спаривания. Подобное же легкомыслие наблюдал д-р Иегер в Вене у серебряных фазанов" (стр. 67).

В. Розанов возражает против приведенных соображений Дарвина и Соловьева. По его мнению, красота самцов не есть фактор полового подбора, во-первых, потому, что красота самцов, например красота крыльев бабочки, — видовая, а не индивидуальная, и, во-вторых, потому, что в половой жизни активны, т.е. производят выбор, самцы, а не самки. Признавая, как и Соловьев, самоценность красоты, Розанов говорит, что красота творится там и тогда, где есть наибольшая жизненная энергия. Во время спаривания жизненная энергия самцов усиливается, и вместе с тем повышается и их красота. В эту пору самец поет, потому что ему *хочется петь*, а не для прельщения самки*. Возражение Розанова имеет силу только в отношении к низшим животным, например бабочкам и росписи их крыльев или моллюскам и узору их раковин, так как их красота почти совсем лишена индивидуальных оттенков. Мысль, что красота повышается там, где есть наибольшая жизненная энергия, правильна.

---

* В. Розанов. Красота в природе и ее смысл. <М.,>1895.

Однако ничто не мешает тому, чтобы самец пел, так как ему хочется петь, и вместе с тем использовал это пение для прельщения самки.

Чем выше ступень жизни в каком-либо царстве природы, тем выше и ступень его красоты, но вместе с тем искажение идеи этого царства дает и тем большую ступень эстетического безобразия. "В животном царстве", говорит Соловьев, "мы уже встречаем крупные примеры настоящего безобразия. Здесь есть целые отделы существ, которые представляют лишь голое воплощение одной из материальных жизненных функций — половой или питательной. Таковы, с одной стороны, некоторые внутренностные черви (глисты), все тело которых есть не что иное, как мешок самого элементарного строения, заключающий в себе одни только половые органы, напротив весьма развитые. С другой стороны, червеобразные личинки насекомых (гусеницы и т.п.) суть как бы один воплощенный инстинкт питания во всей его ненасытности; то же до известной степени можно сказать и об огромных головоногих моллюсках (каракатицы)". "Существованием безобразных типов в природе обличается несостоятельность (или по крайней мере недостаточность) того ходячего эстетического взгляда, который видит в красоте лишь совершенное наружное выражение внутреннего содержания, безразлично к тому, в чем состоит само это содержание. Согласно такому понятию, следует приписать красоту каракатице, или свинье, так как тело этих животных в совершенстве выражает их внутреннее содержание, именно прожорливость. Но тут-то и ясно, что красота в природе не есть выражение всякого содержания, а лишь содержания идеального, что она есть *воплощение идеи*" (39).

Кроме односторонности животного типа, например у паразитов, и кроме падения оформленности, например у откормленной свиньи, Соловьев находит еще третью причину безобразия в царстве животных, именно "карикатурное предварение высшей формы"; таковы, например, обезьяны: "они, оставаясь вполне животными, похожи на человека и представляют как бы карикатуру на него". В строении их тела и характере их жизни получается поэтому дисгармония, которая "и составляет объективную причину их безобразия" (60).

Говоря о том, что в жизни природы имеется воплощение не только добра, но и зла, кн. Е. Трубецкой различает "дневной" и "ночной" облик твари. "Когти и зубы хищника, приспособленные к тому, чтобы терзать живое тело, представляют собою воплощенное отрицание со-гласия и со-чувствия. С повышением твари из ступени в ступень, *ночной* ее облик углубляется и усиливается в такой же мере, как и облик *дневной*". Есть звуки, "которые представляются как бы *звучащею тьмою*, отвратительным явлением *ночного* облика твари: таковы, например, металлическое циканье сов, хохот филинов, протяжный волчий вой и крики влюбленного кота на крыше" (Смысл жизни, <М., 1918, > 138).

Жизнь человека иногда вносит в состав природы отвратительную дезорганизованность, эстетически безобразную в высшей степени. Такова, например, зловонная помойная яма или яма отхожего места с кишащими в ней червями или на окраине города бугристый пустырь, закиданный городскими отбросами и поросший сорными травами. Целые промышленные области, например каменноугольные, поражают иногда своим безотрадным видом и безобразием.

Переходя по царствам природы от животных к растениям, нельзя быть уверенным в том, что мы спускаемся вниз. Весьма возможно, что царство животных и царство растений суть две области биологической жизни, в общем равноценные по степени совершенства в своем роде и физиологических материальных процессов, и соответствующих им внутренних, психоидных и психических переживаний. *Фехнер* написал книгу "Nanna oder Üeber das Seelenleben der Pflanzen" <Lpz., 1908> (Нанна — жена Бальдура, бога света). В ней он задается целью доказать, что растения, хотя и принадлежат к низшему царству, чем мы, но в некоторых отношениях они выше развиты, чем мы: у них более развита жизнь чувственными качествами, и в составе природы они дополняют то, чего не дают целому животные и человек. У растений, согласно *В. Соловьеву*, — "грезящая душа" (54). *Клагес* в своей многотомной книге "Der Geist als Widersacher der Seele" <München-Bonn, 1954>" высказывает много интересных соображений о внутренней жизни растений. Растениям, по его мнению, свойственна "спящая душевность". Во сне происходит сочетание с океаном жизни, общение с ним не посредством ощущений, которые передают только телесно близкое, а посредством *созерцаний* макрокосма. Поэтому переживания близкого и далекого у растений почти одинаковы: у них высоко развитое *дальночувствие* (Fernsinn), и все воспринимаемое ими воплощается в них путем изменения процессов роста. Растение живет душою ландшафта, а "характеры" ландшафтов суть "характерные черты" самой планетной души. Ссылаясь на Гуфеланда, Клагес говорит, что жизнь растения основана на "симпатии" к окружающей природе; поэтому существует "гармония внутренней жизни растения с космическими и теллурическими изменениями". Душа растения, приходит Клагес к выводу, "сходна с теллурическою душою женщины"*.

Много интересных соображений находится в тепло написанной книге Ф.Т. Братранека "К эстетике растительного мира"**. Братранек находит красоту жизни в сплетении душевности человека с душевностью природы, особенно царства растений (146 с.). Для пояснения своей мысли он цитирует поэта Гейбеля:

Schön vollendet
Zeigt im Bild uns die Natur,
Was in unsrer Seele dämmert
Als ein Traum der Sehnsucht nur.

---

* Эти учения высказаны Клагесом в I части III тома упомянутой книги его; том этот носит особое заглавие – "Die Lehre von der Wirklichkeit der Bilder", стр. 813-823; 1080 с.; 1104-1114.

** Th. Bratranek, Beiträge zu einer Aesthetik der Pflanzenwelt, <Lpz.> 1853.

(Природа показывает нам в прекрасно завершенных образах то, что брезжит в нашей душе только как греза страстного влечения.) Особенно в жизни растений он находит интимную внутреннюю жизнь, достигшую гармонии с миром, — в их аромате, цветах, формах, группировке и в физиономии ландшафта (149). Он обращает внимание на разнообразие индивидуальностей растений, выражающееся в их облике и различных видах красоты (187 сс., 224 сс.); вспомним, хотя бы, как красивы и в то же время отличны друг от друга следующие деревья: кипарис, ель, сосна, лиственница, кедр, дуб, бук, каштан, ясень, липа, береза, плакучая ива, тополь, акация, магнолия, различные виды пальм. "Кто не любит деревья, пусть не говорит, что любит человека", сказал Рёскин. В книге Фолькельта есть много тонких характеристик различных растений; например, о липе он говорит, что ее облик есть выражение "проникнутой благородством и верностью, нежной и в то же время полной сил дружеской жизни" (I, 209). Конечно, Фолькельт истолковывает такое впечатление как результат "символического вчувствования", а интуитивист — как непосредственное восприятие подлинного характера липы. Точно так же мощное, несколько суровое самоутверждение дуба, благородное изящество ясеня, нежная женственная мягкость акации — все это *характеры* различных видов деревьев, столь же непосредственно выражающиеся в их облике, как внешность Петра Великого, Моцарта, госпожи де-Леспинасс прямо выражает их душу.

Вершина красоты растений достигается, обыкновенно, в их цветах, в красках и форме их. Вспомним хотя бы только розу, изящество бутонов ее или нежную утонченную красоту ландыша. Красоты, достигаемые растениями в этой области, так значительны, что объяснить их одним лишь творчеством самого растительного индивидуума невозможно; приходится обратиться к творческой силе растения в сочетании ее с более высокими деятелями, стоящими во главе целых обширных областей природы. На эту мысль наводят уже естественнонаучные исследования строения некоторых цветов и вообще жизни некоторых растений, столь целесообразно связанной с жизнью, например, насекомых, что взаимное приспособление их можно понять не иначе, как влиянием деятелей, подчиняющих себе совместно целые отделы растительного и животного царства, координируя их друг с другом. Примеры этого рода можно найти в книге Ллойд Моргана "Привычка и инстинкт" <Спб., 1899> или в книге Бехера

"Die fremddienliche Zweckmässigkeit der Pflanzengallen und die Hypothese eines Überindividuellen Seelischen" <Lpz., 1917>. Об этом рождении растения из таинственного лона великой Матери-Земли прекрасно говорит В. Соловьев в одном из своих стихотворений.

Формы листьев многих растений, например винограда, папоротника, поражают своим изысканным изяществом. Такая, казалось бы, мелкая деталь природы, как иной желтый кленовый лист осенью, представляет собою чудо красоты (Рёскин). Расположение листьев по спирали на стебле растения или в каких-либо других формах симметрии, например в виде розетки*, придает немалую привлекательность общему облику растения.

Блуждая в горах среди суровых обломков скал и смотря на прикрывающие наготу камней мхи или лишаи, нельзя не согласиться с мыслью Рёскина, что их прядут духи скал, так велико искусство, творящее эти казалось бы примитивные существа.

Запахи растений имеют немалое значение в составе красоты их. Аромат, например розы, ландыша, апельсина, некоторых сортов вино-

---

* См., например, чудную розетку камнеломки в книге A. Kerner von Marilaun "Pflanzenbeben", I т., 3 изд. стр. 139.

града, представляет собою нечто в высокой степени благородное. И более простые запахи, например листьев березы весной, почек тополя и т.п., удивительно гармонируют с целым растения. Братранек цитирует из "Lebens und Formgeschichte der Pflanzen" Шельвера его замечание, что "в аромате таится жажда любви и душа жизни растения"; и Гейне находит, что "ароматы суть чувства растений" (155, 159).

Высокими свойствами растений Братранек объясняет выдающееся значение их в духовной жизни человека. Книга его главным образом и посвящена этой стороне вопроса: он говорит о священных рощах, священных дубах и т.п. в религиях, основанных на поклонении силам природы; он отмечает использование растений в поэзии, особенно в сказке и в народной песне; он указывает на значение в нашей жизни венков, букетов, символического языка цветов и т.п.

В царстве растений встречается, конечно, и эстетическое безобразие. Есть деревья неуклюжие, например баобаб; некрасивы хаотически переплетающиеся змеевидные корни мангровых деревьев на тропических болотах или столбы воздушных корней бенгальского фикуса на Цейлоне. В городке Пало Альто в Калифорнии, гуляя в сумерки по парку Стэнфордского университета, я попал в отдел парка, засаженный древовидными кактусами; жуткое впечатление какой-то враждебной силы произвели на меня нелепые формы этих существ с грубыми отпрысками, причудливо разбросанными в пространстве. Существует поверье, что кактусы — вампиры. Ядовитая белена производит отталкивающее впечатление всем своим существом: и грязный цвет ее цветка, и консистенция ее тела, и запах ее — все в ней некрасиво. Запахи некоторых растений, например раффлезии, представляют собою крайнюю степень зловония. Надо, однако, помнить, что все проявления живых существ очень сложны и в них могут быть отрицательные слагаемые, отталкивающие нас, и другие положительные слагаемые, воспринимаемые, например, насекомыми. Это особенно поражает, кода нам случается воспринимать одновременно обе слагаемые: так, например, с удовольствием вдыхая сильный и страстный аромат жасмина, случается иногда заметить наряду с ним поразительное зловоние, исходящее, вероятно, от индола в цветке.

Неорганическая природа так же, как и органическая, состоит из живых индивидуумов, из кристаллов, молекул, атомов, электронов и т.д. Однако мы, люди, можем конкретно воспринимать в этой области только кристаллы или же массовые скопления молекул и атомов, не образующие индивидуального существа. Активность этих существ мы воспринимаем крайне поверхностно, не опознавая ее целестремительности и целесообразности. Поэтому красота существ неорганической природы открывается нам только со стороны низших ступеней красоты, главным образом постольку, поскольку в этой природе есть тот порядок и та системность, которые обусловлены подчинением ее формам Отвлеченного Логоса. Всем известно, как, например, красивы снежинки или узоры, расписанные морозом; вообще кристаллы многих веществ и сочетания их в большинстве случаев красивы. Внутреннее строение кристаллов, молекул, атомов, представляющих собой нечто вроде солнечных систем, есть, согласно открытиям современной науки, воплощение высокого порядка и целесообразности. Отсюда следует, что даже и эти индивидуумы, стоящие на самых низких ступенях развития, обладают значительною красотою. К сожалению, однако, мы, земные люди, не способны конкретно воспринимать ее и потому не можем оценить ее в должной мере.

Красота индивидуумов неорганической природы обусловлена не только строением их, но также и их чувственными качествами, особенно световыми, звуковыми и т.п. Например, красота драгоценных камней состоит главным образом в игре света в них. Остановимся поэтому вообще на вопросе о красоте чувственных качеств, этих в сравнении с индивидуумами элементарных эстетических предметов.

К числу основных положений разрабатываемой мною системы эстетики принадлежит утверждение, что не бывает ни чисто духовно-душевной, ни чисто физической красоты: красота есть ценность конкретного целого, в котором имеется и сторона духовности или душевности, и сторона телесности. Чувственные качества суть телесные процессы; как все конкретное, они должны иметь еще и душевную или духовную сторону, и, только найдя это целое, можно понять его красоту. Начнем с рассмотрения звуков. Издаваемые человеческим Я звуки суть телесное выражение его чувств, эмоций, стремлений, настроений и связанных с ними мыслей. Звуки, издаваемые животными, также имеют подобную душевную основу. Далее, согласно персонализму, даже и неорганическая природа состоит из личностей, правда только потенциальных, но все же таких, каждое действие которых не просто телесно, а психоидно-телесно и возникает не иначе, как целестремительно. Поэтому необходимо признать, что и реакция металла или камня на удар различными характерными звуками есть выражение какого-то внутреннего переживания. Гегель в своей "Философии природы" говорит, что звук есть целостная форма индивидуальности, выраженная во времени*. По мнению Клагеса, есть "шумы и тона, в которых души элементов наиболее непосредственно выражают себя" (III т., I часть, стр. 1155 сс.)**.

Света и цвета, без сомнения, суть также телесное выражение внутренних переживаний существ, творящих их. Многие животные выработали специальные органы, испускающие свет значительной интенсивности. Человек таких органов не выработал, вероятно, потому, что такой дорого стоящий организму аппарат для освещения среды может быть заменен искусственными средствами, а для выражения душевной жизни достаточно звуков, производимых с помощью мускульных сокращений. Деятельность светового лучеиспускания все же хотя бы в слабой степени, вероятно, прису-

---

* Гегель, собр. соч., VII т., I отд., 2 изд. 1847, стр. 203, 206 с.
** См. подробно о звуке мою статью "Звук как особое царство бытия" в сборнике моих статей "Основные вопросы гносеологии", <Пгд.,> 1919.

ща человеческому телу. Может быть, она лежит в основе того свойства, которое называют фотогеничностью лиц, фотографические снимки с которых особенно удаются. Оккультисты утверждают, что тело каждого человека испускает свет, соответствующий его характеру и душевным состояниям. И этот свет видят особо чувствительные к нему люди, называемые "сенситивами". Можно поэтому утверждать, что "теплота" красок, "холодность" их и тому подобные свойства, столь существенные для эстетического восприятия их и использования в живописи, тесно связаны с действительною внутреннею жизнью, лежащею в их основе.

В своей книге "Чувственная, интеллектуальная и мистическая интуиция", доказывая транссубъективность чувственных качеств, я утверждаю вместе с тем, что сложные предметы, камни, почва, растения, животные, от поверхности которых отражаются почти все лучи света, только в различной пропорции, окрашены во все цвета спектра, так что великолепие природы, если бы у нас были силы для опознания ее богатства, превосходит все, что может создать наша фантазия. Это "Индия бытия", сказал талантливый молодой философ Д.В. Болдырев, слушая такие рассуждения мои приблизительно в то время, когда я писал статью о звуке.

Не менее пронизана природа и такими чувственными качествами, как тепло, холод, запахи, вкусы. Они служат телесным выражением внутренней жизни существа, может быть, еще более глубоким, чем звук и свет. Чтобы согласиться с этим, стоит только вспомнить агрессивность хлора или серы, ярко выраженную в их запахе, или нежность розы, страстность туберозы, любки ("ночная фиалка"), так своеобразно являющуюся в их ароматах.

Пространственные формы и даже линии индивидуумов неорганической природы имеют немаловажное значение в составе их красоты, в особенности поскольку в них воплощается симметрия, пропорциональность, порядок, свидетельствующие о разумной основе мира. Физиологические и психологические теории красоты пространственных форм, пытающиеся свести ее к легкой обозримости многообразия или, например, к преимуществу одних линий перед другими, состоящему в том, что они обозримы с меньшим напряжением мускулов глаза, стоят на совершенно ложном пути. Любование красотою даже и этих элементарных предметов есть сосредоточенность зрителя на *объективно* ценном, а не наслаждение *своими* органическими ощущениями или своими способностями.

Сущность красоты пространственных форм прекрасно выяснена Эд. Гартманном, особенно на примере конических сечений — параболы, гиперболы, эллипса, круга. Алгебраическая формула или уравнение еще не есть идеальное содержание или математическая идея кривой: она выражает только закон ее генезиса в абстрактной и дискурсивной общности, без наглядности. Наглядное представление тоже дает только доступный чувственному восприятию результат закона образования формы, но лишь для единичного случая. Итак, оба способа выражения, понятие и наглядное представление, только *приближаются* с разных сторон *к математической идее* и дают лишь интеллектуальное или же переживаемое чувством чуяние этой цели. "Чтобы постигнуть принцип формы так конкретно-интуитивно, как в фигуре, и вместе так генетически всеобще, как в уравнении, и притом достигать того и другого одним махом, для этого мы должны были бы обладать интуитивным рассудком или интеллектуальною интуициею, в чем нам, как сознательным духам, отказано". "Когда мы приближаемся к идее тем, что дискурсивно продумываем полноту отношений, мы получаем теоретическое *интеллектуальное* удовлетворение; когда же мы приближаемся к ней путем чувственного наглядного представления и переживаемого чувством чуяния, то у нас возникает *эстетическое* удовлетворение". Эстетически приятна не математическая форма как таковая, а форма "как конкретное чувственное воплощение иманентного закона ее и генетического принципа ее"; в ней воплощается "наибольшая достижимая логичность или разумность", "бессознательная логическая идея"*.

Сторонник интуитивизма отличается в этом вопросе от Гартманна лишь тем, что утверждает наличность у человека как сознательного существа интеллектуальной интуиции, но вместе с тем признает, что земной человек лишь слабо и отрывочно пользуется этою способностью для осознания предметов, а потому значительная доля богатства идеи, воплощение которой эстетически удовлетворяет нас, остается у нас в подсознании.

Заканчивая рассмотрение красоты в природе, напомним, что даже и вещи, т.е. единства, в основе которых лежит лишь отвлеченная идея, а не конкретно-идеальное начало, тоже могут обладать красотою. Они суть продукт де-

---

* Ed. Hartmann, Grundriss der Aesthetik, стр. 39.

ятельности какой-либо действительной или потенциальной личности; поэтому в них есть такие положительные аспекты, как целесообразность, разумный порядок, симметрия, сила и т.п., чувственное воплощение которых есть красота. Паутина, например, особенно тогда, когда в ней сверкают на солнце капельки росы, обладает значительною красотою. В сочетании с жизнью человека и пронизанные ею многие вещи приобретают высокую и иногда загадочную, таинственную красоту. Кто любит полнокровную жизнь и жизнь во всех ее проявлениях, тот при известных условиях, например при каком-либо освещении или при особом сочетании событий, почти во всем найдет эстетически положительный аспект.

Суриков, рассказывая о своей подготовке к картине "Утро стрелецкой казни", говорил: "А дуги-то, телеги для "Стрельцов" — это я по рынкам писал. Пишешь, и думаешь — это самое важное во всей картине. На колесах-то — грязь. Раньше-то Москва немощеная была — грязь была черная. Кое-где прилипает, а рядом серебром блестит чистое железо. И вот среди всех драм, что я писал, я эти детали любил. Никогда не было желания потрясти" (кровью, эффектами ужасов. — *Н.Л.*). "Всюду красоту любил. Когда я телегу видел, я каждому колесу готов был в ноги поклониться. В дровнях-то какая красота: в копылках, в вязах, в саноотводах. А в изгибах полозьев, как они колышатся и блестят, как кованые. Я, бывало, мальчиком еще, — переверну санки и рассматриваю, как это полозья блестят, какие извивы у них. Ведь русские дровни воспеть нужно!"*.

У Добужинского есть картина "Крыша"; она поражает загадочною жизнью, кроющейся в ней (воспроизведение ее можно найти в "Золотом Руне" 1908, № 1). Голландская живопись особенно мастерски изображает жизнь, таящуюся в предметах быта, в домах, комнатах, судах. Большою красотою обладают многие суда, начиная с индейской пироги и кончая грандиозным океанским пароходом. Но особенная привлекательность присуща парусным судам; даже иной старый заштопанный парус, надутый ветром, поражает своею красотою.

---

* М. Волошин. Суриков. "Аполлон", 1916, № 6-7, стр. 57.

ГЛАВА 8

Красота в жизни человека

1. Красота в индивидуальной человеческой жизни

Земной человек есть действительная личность, наиболее полно данная в нашем опыте. Поэтому красота человеческой жизни занимает особенно много места в составе наших эстетических восприятий.

Выше было установлено, что индивидуальность личности, единственная, неповторимая и незаменимая, сполна осуществленная в Царстве Божием, есть высшая ступень красоты. Жизнь каждой такой личности вся состоит из актов творения абсолютно ценных содержаний бытия, неповторимых и незаменимых, доставляющих совершенное удовлетворение и самому творцу их, и всем личностям, доросшим до восприятия их. Земной человек, вследствие своего себялюбия, обедняющего жизнь, не осуществляет свою индивидуальность сполна, однако идея ее будущего осуществления в Царстве Божием сквозит даже и в нашей земной жизни. В печальной действительности нашего психо-материального царства эта возвышенная идея просвечивает сквозь ограничения и искажения ее, наполняющие нашу жизнь противоречиями, разладом, раздвоениями, составляющими эстетически отрицательный аспект нашего бытия. И все же индивидуальность каждого земного человека представляет собою высшую ступень красоты в нашей жизни. К сожалению, ви́дение этой красоты удается очень редко: чтобы она открылась нам, нужна любовь, глубоко проникающая сквозь кору обыденной жизни. Такова в особенности зоркость юноши или девушки к идеальной индивидуальности любимой женщины или любимого мужчины. Взору этой любви открывается волшебная красота, ни с чем не сравнимая, единственная, навеки незабываемая. Исходя из этого примера, легко понять теорию, согласно которой индивидуальное личное бытие есть *высшее онтологическое начало*, неразложимое на общие понятия, охватываемое ими только с поверхности и в своей единственности остающееся несказанным, доступным лишь восторженному созерцанию. Мелкое понимание индивидуальности обнаруживает философ, полагающий, что индивидуальное получается из *типического* путем прибавления к нему каких-либо мелких подробностей. Так, Фолькельт, рассуждая о типизирующем и индивидуализирующем стиле в искусстве, говорит следующее: в поэзии при изображении характеров индивидуализирующий стиль дает мелкие, случайные черты, откуда получается "теплота живого" существа; типизирующий стиль изображает преимущественно "общечеловеческое" без поверхностного слоя; правда, и типическое должно быть дано в связи с "несказанным" индивидуальным, в связи с "индивидуальною идеею", т.е. с тем, что в индивидууме устойчиво. Итак, различие стилей, говорит Фолькельт, следующее: в индивидуально-эстетическом к индивидуальной идее подчеркнуто присоединяется много мелких, случайных черт, а в типически-эстетическом "индивидуальная идея выступает более сама по себе, освобожденная от бремени и очищенная"; это "индивидуальность, поднятая в направлении родового" (II, 69-74). Второе различие состоит в том, что типизирующий стиль дает не случайные особенности, а то, что вытекает из ядра индивидуальности (77). Типизирующий стиль удовлетворяет потребности "в человечески значительном", а индивидуализирующий стиль — "в живом" (85). Односторонне типизирующий стиль приводит к "безжизненности", а крайне индивидуализирующий стиль — к "утрате человечески значительного" (95). Из всех этих рассуждений Фолькельта ясно, что хотя он упоминает о "несказанности" индивидуального и об "индивидуальной идее", на самом деле этих понятий он не выработал: в действительности подлинно индивидуальное есть и самое живое, и вместе с тем самое значительное, абсолютно ценное, то единственное, что может быть сотворено только данною личностью для обогащения мирового бытия ко благу всех существ.

Где же находится индивидуальное бытие в том смысле, какой здесь вложен в это слово? Везде, в каждом субстанциальном деятеле, начиная с Царства Божия и кончая последним электроном. Однако сознательное восприятие всего этого величия и безмерной красоты мира доступно только Божественному всеведению, а нам, земным людям, грешным существам, удается созерцать красоту индивидуального бытия только изредка, лишь в отношении к немногим существам. Главным образом в семейной жизни у членов семьи, любящих друг друга, любящих детей, открываются глаза на эту сторону мира в достаточной полноте, чтобы иметь значительное эстетическое восприятие индивидуального прекрасного своеобразия личности.

Жизнь некоторых великих людей в сочетании с их творчеством так конкретно знакома нам, что многие люди, особенно принадлежащие к той же нации, начинают усматривать красоту ее как индивидуального бытия. Для нас, русских, такова, например, личность Пушкина, личность Петра Великого. Вероятно, немцы способны усматривать красоту индивидуальности Гете, Шиллера, Фридриха Великого; для англичан такое значение может иметь Диккенс, Нельсон.

Жизнь великих людей, как индивидуальностей, сравнительно высоко развитых даже и в земных условиях, особенно пригодна для художественных произведений, показывающих красоту и великую значительность индивидуального бытия. Восприятие жизни великих людей в ее *действительности* нам в громадном большинстве случаев не удается поднять на такую высоту, чтобы созерцать именно то, что представляет собою красоту индивидуальности. В самом деле, Бог созерцает жизнь каждой личности сразу как единое целое, в котором даже и мелочи имеют смысл, гармонически соответствующий всей истории роста ее. А мы, земные люди, воспринимаем жизнь великих людей отрывочно, не понимая смысла и связи многих элементов ее; в этом скудном восприятии мелочи затопляют великое, потому что в жизни самого гениального земного человека такие скучные для нашего поверхностного видения действия, как одевание, питье кофе и т.п., или такие отрицательные черты, как ссоры, проявления тщеславия, честолюбия, гордыни, занимают много места. Здесь искусство приходит нам на помощь и, оставляя мелочи в стороне, помогает постижению индивидуальности лица. Но даже и искусству редко удается проникать в эту область красоты. Примером великого достижения в этой области может служить картина Леонардо да Винчи "Мона Лиза". Она стоит перед нашим умственным взором как нечто загадочное и вместе с тем незабываемое, потому что художнику удалось передать совершенную единственность индивидуальности. В русской живописи близок к этому достижению Серов в своей картине "Петр Великий". Некоторые фильмы, посвященные жизни великих людей, идут в этом направлении. Здесь можно упомянуть такие произведения кинематографического искусства, как "Путешествие Моцарта в Прагу", "Бетховен". Многих великих красот можно ожидать от кинематографа, если великие художники зададутся целью поставить перед нашим умственным взором индивидуальное своеобразие гениальных людей. Русское искусство могло бы обработать таким образом жизнь Достоевского или изобразить драму Льва Толстого в его отношениях к жене Софии Андреевне.

Высшая красота индивидуального своеобразия личности, между прочим, и потому не достаточно оценена в эстетике, что, даже усмотрев ее в жизни и особенно в произведениях искусства, мы впоследствии при попытке опознать, что поразило нас в наблюдаемом или воображаемом лице, в громадном большинстве случаев совершаем ошибку, именно выделяем из состава личности те черты ее, которые низводят ее на ступень *типа*, например на ступень типичного представителя сословия, класса, народа и т.п. Император Николай I в рассказах современников предстоит перед нами только как властный самодержец; получается бледная схема вместо живой индивидуальности. Как бы ни удалось великому поэту вжиться в сведения о Ричарде Львином Сердце и дать изображение его как индивидуальности, читатель почти наверное, при критической оценке такого произведения, будет говорить, что в нем превосходно обрисован *тип* средневекового рыцаря. Виламовиц-Меллендорф говорит, что, думая об "Антигоне" Софокла, мы видим в ней тип женской верности неписаным религиозно-нравственным законам семьи, родственных уз. Конечно, и в этом аспекте личности Антигоны, чувственно воплощенном, есть красота, но в отрыве от индивидуальности ее она стоит на сравнительно низшей ступени. Алеша Карамазов есть подлинно индивидуальное, единственное в мире существо, обрисованное Достоевским, но, выхватывая из него некоторые стороны его эмпирического характера, мы превращаем его в имя нарицательное: встретив юношу с чистым сердцем и способностью к деятельной любви, мы говорим о нем: "Это Алеша Карамазов".

Следующие за индивидуальностью менее высокие ступени красоты человеческой личности заключаются в различных аспектах чувственно воплощенной жизни ее. Первое место здесь занимают, конечно, различные проявления духовности человека: религиозная жизнь, моменты вдохновения в процессе художественного творчества во всех областях искусства, вдохновение, ведущее к открытию научной или философской истины, процессы плодотворного социального творчества и воздействия на социальную жизнь и т.п. Пушкин в стихотворении "Осень" прекрасно изобразил момент вдохновенного художественного творчества:

И забываю мир, и в сладкой тишине
Я сладко усыплен моим воображеньем,
И пробуждается поэзия во мне:
Душа стесняется лирическим волненьем,

Трепещет, и звучит, и ищет, как во сне,
Излиться наконец свободным проявленьем —
И тут ко мне идет незримый рой гостей,
Знакомцы давние, плоды мечты моей.

И мысли в голове волнуются в отваге,
И рифмы легкие навстречу им бегут,
И пальцы просятся к перу, перо к бумаге,
Минута — и стихи свободно потекут.

Здесь следует особенно сказать несколько слов о красоте женской жизни. Духовное творчество в области религии, во всех видах искусства, в области науки, преобразования социальной жизни и руководстве ею есть по преимуществу дело мужского гения. Отсюда возникает мысль, что женщина лишена творческой силы, лишена гениальности. Это означало бы, что женщина есть существо, вообще стоящее ниже мужчины. Стоит только сформулировать это утверждение, и тотчас почувствуешь, что оно сомнительно. В жизни человечества женщина несомненно занимает почетное место, и перечисленные выше виды мужского творчества, как это известно из биографий великих людей, обыкновенно осуществляются под влиянием общения с женщинами или, по крайней мере, в среде, организованной искусством женщины. Отсюда ясно, что женщине свойственно какое-то творческое воздействие на весь ход жизни, но оно так глубоко отличается от мужского творчества и так своеобразно, что трудно определить сущность его.

Начало жизни каждого из нас в процессе развития зародыша протекает внутри тела женщины в самой интимной связи со всею целостью ее душевного и телесного бытия. Творческое влияние женщины на развитие зародыша несомненно есть соучастие в творении его жизни как конкретного целого. Такое творчество коренным образом отличается от творчества мужского, которое, обыкновенно, имеет характер специализации, часто весьма односторонней: оно сосредоточивается в большинстве случаев на одном каком-либо аспекте жизни, часто достигая при этом виртуозности в одной области, сопутствуемой однако нередко недоразвитостью личности в других областях. Наоборот, характерная черта женской природы есть умение жить целостною гармоническою жизнью и содействовать развитию такой жизни во всех окружающих ее, любимых ею существах. Произведя на свет ребенка, она в первые годы жизни его сохраняет с ним связь, даже и телесную, почти как в его зародышевом развитии, и соучаствует в росте его целостной душевно-телесной индивидуальности.

В семье женщина создает уют, теплоту и красоту, опять-таки не специализируясь на одной какой-либо стороне жизни, а имея ее в виду как целое. Произведения искусства, создаваемые поэтом, живописцем, скульптором, композитором, мощно вступают в нашу жизнь, но они не суть сама наша жизнь. Наоборот, искусство женщины есть преимущественно творение ею самой жизни, начиная с того, как она одевается, следит за одеждою членов всей семьи, создает обстановку дома и дает тон всему строю семейной жизни. Также и за пределами семьи в отношениях к другим людям женщина обладает, обыкновенно, большим тактом и умением сделать свой дом привлекательным для всех. Известно, какую видную роль играли женщины в общественной жизни Франции XVIII-го века, искусно руководя своими салонами. Примером может служить содержательность и красота жизни в салоне г-жи де Леспинасс*. Также в русскую общественную жизнь много красоты вносили в первой половине XIX в. салоны, руководимые женщинами, например

---

* См. книгу маркиза де Сегюр "Julia de Lespinasse", перевод ее в "Русской мысли", 1914.

салон княгини Зинаиды Волконской в Москве, потом в Петербурге и наконец в Риме; салон Екатерины Андреевны Карамзиной в Петербурге, душой которого была дочь Карамзина от первого брака Софья Николаевна; салон Авдотьи Петровны Елагиной (матери И.В. Киреевского) в Москве*.

В связи с целостным творением жизни стоит способность, нередко проявляемая женщинами, слушая о какой-либо новой теории или новом плане строения общества и т.п., тотчас схватить целое и нежелание, поняв его, входить в детали и знакомиться с доказательством каждой из них, что, обыкновенно, раздражает мужчину и в чем он видит слабость женского интеллекта. С точки зрения идеала умственной деятельности, мужчина прав: идеал состоит в том, чтобы творить целостную концепцию теории или плана и вместе с тем разрабатывать все подробности. Но умственная деятельность земного человека, и мужчины и женщины, вообще далека от идеала. Сравнивая ум и творческую силу земных людей не с идеалом, а друг с другом, необходимо признать, что в среднем *степень* развития мужчины, способного к односторонней специализации, более

---

* См. Аронсон и Рейсер. Литературные кружки и салоны.

высока, чем степень развития женщины, но зато *тип* развития женщины более высокий, чем тип мужчины. Беря на себя наиболее трудную задачу, творение целостной жизни, женщина, конечно, далеко отстает от идеала, но и то, чего ей удается достигнуть в этой области, дает право утверждать, что творческая сила женщины не уступает мужской, а может быть даже и превышает ее.

От области духовного творчества спустимся теперь ниже к другим аспектам человеческой жизни, в которых может осуществляться красота. Аспектов этих много, и я не собираюсь перечислять их все; приведу только в виде примера некоторые из них. Сила во всех ее обнаружениях, и сила воли, и сила чувства, и физическая сила есть положительная сторона бытия, если рассматривать ее независимо от ее применения. Поэтому чувственное воплощение силы имеет ценность красоты. Иногда она приковывает к себе внимание, несмотря на то, что применена для осуществления ужасных действий. Художник Суриков, сын казака, родившийся в Сибири, рассказывает, как он в детстве видел в Красноярске казни, публично производимые на площади: "Палачей дети любили. Мы на палачей как на героев смотрели". "Рубахи у них красные, порты широкие. Они перед толпой по эшафоту похаживали, плечи расправляли". "Мы на них с удивлением смотрели — необыкновенные люди какие-то. Вот, теперь скажут, — воспитание! А ведь это укрепляло. И принималось только то, что хорошо. Меня всегда красота в этом поражала, — сила. Черный эшафот, красная рубаха — красота! И преступники так относились: сделал — значит, расплачиваться надо"*. Во многих своих картинах, например в "Утре стрелецкой казни", Суриков изобразил великолепную красоту силы.

Красота человеческого тела, но также и безобразие его столь общеизвестны, что я не буду заниматься этим вопросом. В искусстве изображение этой красоты занимает очень много места; напомню хотя бы о древнегреческой скульптуре. К сожалению, в наше время живописцы нередко дают изображение безобразного тела, не оправдывая его включением в сложную тему, в составе которой безобразие могло бы содействовать усмотрению своеобразных аспектов красоты мира; такие картины вызывают в зрителе только отвращение и недоуменные вопросы о вкусе художника и целях его творчества.

---

* М. Волошин. Суриков. "Аполлон", 1916, № 6-7, стр. 48<49>; также в книге Евдокимова "Суриков".

В семьях, где ряд поколений ведет жизнь физически и духовно энергичную, вырабатывается красивая породистость и общего облика и поведения человека. Примером ее может служить картина Серова "Великий князь Павел Александрович"; на этой картине изображен породистый аристократ царской крови, стоящий рядом со своим породистым конем.

Низшая ступень красоты человека имеется там, где осуществлено только *биологическое* цветение жизни: пышные волосы, свежий цвет лица, совершенное здоровье и т.п.

2. Демоническая красота

Согласно изложенному выше учению, красота есть фундированная, т.е. надстроенная ценность: всякое добро во всех его видах, если оно чувственно воплощено, имеет сверх своей добротности еще и ценность красоты. Из всех ценностей красота наиболее привлекательна. Любовь к тому, что красиво, свободно рождается в душе человека, а вместе с тем возникает любовь и к тем ценностям, воплощение которых создало красоту. Так без всякого насилия над волею человека может совершаться под влиянием красоты постепенное освобождение его от тех или других эгоистических страстей и недостатков: красота героизма, красота самоотверженной любви, красота благоговейного почитания святынь, красота мудрости и т.п. увлекает человека и воспитывает в нем самом эти высокие черты характера. Даже гордыня, эта наиболее упорная и высшая из всех страстей, ведущая в своей крайней степени к соперничеству с Господом Богом и к осатанению, может склониться перед красотою добра. Надменный Демон Лермонтова, увлеченный красотою чистой души Тамары, говорит ей:

> Хочу я с небом примириться,
> Хочу любить, хочу молиться,
> Хочу я веровать добру.

Прав Достоевский, сказавший устами кн. Мышкина: "Красота спасет мир" (Идиот, III, 5). Но у того же Достоевского в романе "Братья Карамазовы" Дмитрий Федорович говорит: "Красота — это страшная и ужасная вещь! Страшная, потому что неопределимая, а определить нельзя, потому что Бог задал одни загадки. Тут берега сходятся, тут все противоречия вместе живут". "Перенести я притом не могу, что иной высший даже сердцем человек, и с умом высоким, начинает с идеала Мадонны, а кончает идеалом Содомским. Еще страшнее, кто уже с идеалом Содомским в душе не отрицает и идеала Мадонны, и горит от него сердце его, и воистину, воистину горит, как и в юные беспорочные годы. Нет, широк человек, слишком даже широк, я бы сузил. Черт знает, что такое даже, вот что! Что уму представляется позором, то сердцу сплошь красотой. В Содоме ли красота? Ведь, что в Содоме-то она и сидит для огромного большинства людей, — знал ты эту тайну или нет? Ужасно то, что красота есть не только страшная, но и таинственная вещь. Тут дьявол с Богом борется, а поле битвы — сердца людей" (I, III, 3).

Как допустить, чтобы красота была и спасительною, и губительною? Как разрешить это противоречие? В. Зеньковский в своих статьях о Достоевском много раз затрагивает эту проблему. Он приходит к мысли, что итог борьбы между Богом и дьяволом "раскроется через эстетическую сферу, которая с этой точки зрения оказывается *важнейшей* в человеке". "Если в Мите Карамазове эстетическая сфера, *сама по себе*, оказывается неспособной примирить противоречия ("тут берега сходятся, тут все противоречия вместе живут"), то *все же лишь в эстетической сфере вскрывается подлинная, хотя и хаотическая еще полнота все-*

го, что есть в душе". По мнению Зеньковского, слова Мити о двойственности совмещения идеала Содомского и идеала Мадонны свидетельствуют о том, что сам "Достоевский с чрезвычайною для себя болью прощается с тем утопическим взглядом на единство красоты и добра, которого он долгое время держался, следуя Шиллеру"*.

Если бы красота Содомская могла быть столь же совершенною, как и красота Мадонны, это значило бы, что мир бессмысленно противоречив и жизнь в нем — безысходная трагедия. Но мы знаем, что мир есть творение Господа Бога, всемогущего и всеблагого. Поэтому, наверное, бессмысленных противоречий и безысходных трагедий в нем нет. Загадка, поставленная Достоевским, должна быть разрешена, и мы попытаемся найти ответ, исходя из изложенного выше учения о сущности красоты.

Идеальная, абсолютно совершенная красота существует только в Царстве Божием, а в

---

* В. Зеньковский. "Гоголь и Достоевский" в сборнике "О Достоевском" под ред. А. Бема, I т., стр. 70 с. <Прага, 1929>; "Федор Павлович Карамазов" в сборнике т. II, стр. 103 <Прага 1933>; см. также статью "Проблемы красоты в миросозерцании Достоевского", Путь, 1933, II.

нашем психо-материальном царстве бытия возможна лишь ущербленная красота. Разнообразных аспектов красоты очень много, и потому зло, которое всегда пользуется силами добра, может предстать перед нами в таком блистании красоты, что требуется особенная эстетическая и вообще аксиологическая чуткость, чтобы усмотреть примешивающийся к ней аспект безобразия и вообще несовершенства. В особенности "демоническая красота" Люцифера, т.е. дьявола в той фазе его развития, когда он находится в состоянии напряженной активности и верит в свою победу*, может быть в высшей степени соблазнительною. В самом деле, могучая сила воли, кипучая активность, находчивый изобретательный ум, биологическое цветение жизни, все эти и многие другие положительные качества, воплощение которых дает красоту, могут быть совмещены у высших представителей сатанинского царства, а также у тех людей, которые еще не осатанели, но уже пошли, под влиянием каких-либо страстей и соблазнов, по пути служения Люциферу, а не Богу. Такие существа используют все свои положительные качества не для осуществления

---

* См. главу "О природе сатанинской" в моей книге "Условия абсолютного добра".

чистого добра, а для удовлетворения своей гордыни. Они обладают острым критическим умом и скептически оценивают всякое земное добро, легко находя в нем или, по крайней мере, подозревая примесь своекорыстия, глупости, пошлости. Силою своей талантливости они объединяют вокруг себя многих людей, которые доверчиво признают их превосходство и следуют за ними, воображая, что идут к подлинному добру. Между тем, в действительности они подменивают скромное добро соблазнительно эффектною смесью добра со злом, разлагающею индивидуальную и социальную жизнь человечества. Вл. Соловьев превосходно изобразил этот сатанинский соблазн в "Повести об антихристе", включенной в его гениальное последнее произведение "Три разговора".

И.И. Лапшин в статье своей "Ценность красоты" показывает рядом примеров, что красота существ, в характере которых есть умственные или нравственные изъяны, всегда содержит в себе примесь безобразия*. Однако требуется иногда большая чуткость, чтобы разоблачить соблазны демонической красоты. Эд. Гартманн хорошо изображает сложность этого

---

* Лапшин. Ценность красоты, в сборнике памяти Н.Е. Осипова, II т., Прага, 1936.

явления. "Безобразие", говорит он, "проникает даже в высшие модификации прекрасного и используют для себя оружие, которое должно было бы служить для преодоления его. Бунт против своего положения в мире, как органа мира, заблудший индивидуум старается облечь в форму возвышенного прометеевского сопротивления и заимствует все черты красивой внешности, чтобы наделить свою извращенную волю соблазнительною красотою; он импонирует людям, неспособным к правильному суждению, умеет ослеплять и соблазнять их. Он пользуется комическим в форме остроты, иронии, сатиры и вышучивания, чтобы путем высмеивания мелочей унизить все прекрасное и благородное, вытеснить его и очистить себе место; он осмеивает также и самого себя так, что кажется приближающимся к свободе духа подлинного юмора, но по своему умственному складу отличается от него циническою фривольностью. Это подражание юмору ведет в конце концов при сознании собственной извращенности только к юмору висельника, обратною стороною которого вместо трагического подъема служит отвращение к себе самому, к жизни и к миру. Но чем полнее эта извращенность использует для себя все виды прекрасного, чтобы дойти до крайней степени отвратительного, тем отчетливее разоблачает она для людей не вполне неопытных свою внутреннюю ложь и противоречивость, совершает таким образом эстетический суд на самою собою и является *объективно* трагическою, комическою и юмористическою, воображая в то же время, что действует *субъективно* трагически, комически и юмористически. Таким образом, эта извращенность ведет к высшему триумфу логической идеи" (мирового смысла), "которую она мнила уничтожить; правда, эта победа добра является взорам лишь того, кто не ослепляется извращением, но прозревает его насквозь"*. К сожалению, однако, многие люди попадаются на удочку таких слуг Мефистофеля; в обществе они пользуются, обыкновенно, значительным успехом. Таков, например, по-видимому, был приятель Пушкина Ал.Н. Раевский:

> Его улыбка, чудный взгляд,
> Его язвительные речи
> Вливали в душу хладный яд.
> Неистощимой клеветою
> Он Провиденье искушал;
> Он звал прекрасное мечтою,
> Он вдохновенье презирал;

---

* Ed. v. Hartmann, Grundriss der Aesthetik, 83 с.

> Не верил он любви, свободе;
> На жизнь насмешливо глядел —
> И ничего во всей природе
> Благословить он не хотел
>
> ("Демон" Пушкина)

Демоническая красота таких существ, само собою разумеется, всегда бывает ущербленною. Внимательный анализ чуткого ко злу человека непременно откроет в ней изъяны, например что-нибудь жесткое, колючее, дисгармоническое. Поэтому тот, кто запутается в сети такого соблазнителя, заразится его скептицизмом и переживет какую-либо драму, должен сам винить себя в том, что не был достаточно прозорливым*.

"Инфернальные" натуры, и женские и мужские, всегда бывают глубоко раздвоенными. Это люди, одаренные незаурядными способностями. Они не только инстинктивно, как все существа, стремятся к полноте бытия, своего и вселенского, но и сознательно предъявляют к жизни высокие требования и бывают глубоко неудовлетворены средою и самими собою.

---

* См. мою книгу "Бог и мировое зло" о том, что уязвим злом только тот, кто и сам является носителем различных несовершенств.

Это раздвоение иногда приобретает характер патологический и доходит до психо-неврозов, чаще всего в форме истерии. Внешность такой истерички или истерика может быть, для сравнительно поверхностного взгляда, очень утонченною и привлекательно красивою, но поведение оказывается полным изумительно ухищренных каверз и интриг. Талантливый психиатр Н.Е. Осипов изобрел, чтобы обозначить этот психо-невроз, весьма выразительный для русского уха мнимо латинский термин — hysteria stervosa.

3. Красота в общественной жизни и в истории человечества

Согласно метафизике персонализма, всякое социальное единство — народ, нация, человечество есть личность. Отсюда следует, что высшею ступенью красоты в общественной жизни обладает индивидуальность социальной личности. Субстанциальный деятель, стоящий во главе народа, достигает полного осуществления своей индивидуальности впервые в Царстве Божием. В земных условиях, будучи существом себялюбивым, он живет жизнью более или менее обедненною, однако и в ней просвечивает его будущее совершенство, его своеобразные положительные черты и чувственное воплощение их обладает высокою красотою. К сожалению, как это не раз было указано уже выше, мы, земные люди, очень мало имеем средств, чтобы воспринять эту сложную, многообъемлющую красоту. Более или менее поднимаемся мы на высоту этого созерцания разве лишь в отношении к своему народу, если действительно любим его.

Существенную помощь в деле постижения красоты социальной личности оказывают поэты и вообще художники всех видов искусства. Мы, русские, счастливы тем, что гениальный поэт, Лев Толстой, дал нам образ России в великом своем творении "Война и мир". В его романе мы находим русского императора и чувства народа, объединяющегося вокруг него, русскую армию и дух ее, особенно дух таких скромных героев, как капитан Тушин, русское дворянство в его духовно высших и средних, вроде Николая Ростова, представителях, русское крестьянство в таких его представителях, как Платон Каратаев, и в его поведении во время войны, русского правдоискателя Пьера Безухова, русскую женщину и все вообще слои жизни России, в которых выражаются различные аспекты ее индивидуальности.

В творчестве Пушкина, Лермонтова, Достоевского, Лескова, вообще в нашей великой народолюбивой литературе есть много проникновений в глубину русской индивидуальности. Напомню хотя бы только "Бориса Годунова", "Капитанскую дочку" или отмеченную уже выше любовь Пушкина к скромному русскому пейзажу ("Люблю песчаный косогор"...); напомню "Песню про царя Ивана Васильевича, молодого опричника и удалого купца Калашникова" Лермонтова или его стихотворение "Отчизна", всем своим содержанием явно свидетельствующее о том, что его духовный взор проникал сквозь обыденные черты земной русской действительности, в несказанную глубину ее индивидуальности:

> Люблю отчизну я, но странною любовью,
> Не победит ее рассудок мой!
> Ни слава, купленная кровью,
> Ни полный гордого доверия покой,
> Ни темной старины заветные преданья
> Не шевелят во мне отрадного мечтанья.
> Но я люблю — за что, не знаю сам —
> Ее полей холодное молчанье,
> Ее лесов дремучих колыханье,
> Разливы рек ее, подобные морям;

Проселочным путем люблю скакать в телеге
И, взором медленно пронзая ночи тень,
Встречать по сторонам, вздыхая о ночлеге,
Дрожащие огни печальных деревень;
Люблю дымок спаленной жнивы,
В степи ночующий обоз,
И на холме, средь желтой нивы,
Чету белеющих берез.
С отрадой, многим незнакомой,
Я вижу полное гумно,
Избу, покрытую соломой,
С резными ставнями окно;
И в праздник, вечером росистым,
Смотреть до полночи готов
На пляску с топаньем и свистом,
Под говор пьяных мужичков.

Многие аспекты социальной жизни являются носителями высоких ступеней красоты. На первом месте здесь стоит красота православного и католического культа, красота богослужения внутри храмов, красота молебнов и процессий вне храмов. Особенно высокую эстетическую и религиозную ценность имеет *русское православное* богослужение, например панихида. В соборе Александро-Невской лавры в Петербурге ежегодно в годовщину смерти Чайковского 25 октября совершалась торжественная литургия. Пышность и красота двора Византийских императоров, переработанная в духе требований религиозной жизни, придавала такой литургии великолепие, заставлявшее думать, что находишься "на небе, не на земле", как сказали послы Великого князя Владимира, вернувшись из Константинополя в Киев.

Эпохи возвышенного социального творчества, без сомнения, обладают большою красотою. К сожалению, воспринимать эту красоту непосредственно в жизни, как целое, земной человек не в силах. В русской жизни таким замечательным периодом была эпоха Великих реформ императора Александра II, когда после отмены крепостного права организовалась по-новому жизнь крестьянства, когда были выработаны новые судебные уставы и русский суд оказался наиболее совершенным в Европе, когда введено было земское и городское самоуправление, давшее замечательные плоды в процессе своего дальнейшего развития. Множество людей, воодушевленных благородным стремлением служить обществу, приняло участие в проведении этих реформ, и знакомство с этою эпохою по историческим трудам и воспоминаниям современников дает возможность, конечно, не воспринять, но, по крайней мере, догадываться о красоте этого социального процесса.

Искусство путем изображения жизни великих исторических деятелей в обстановке окружающей их среды может содействовать созерцанию духа целых эпох, сословий, наций. Таковы, например, жизнь и эпоха Перикла, Сократа, Платона, Сципиона Старшего Африканского, Сципиона Младшего, Юлия Цезаря, Юлиана Отступника, папы Григория VII, Карла V, Лютера, Бориса Годунова, Кромвеля, Петра Великого, Александра I, Наполеона и многих других, стоявших в центре исторических событий.

Красота государственной силы и мужества воплощена главным образом в армии и нередко проявляется в возвышенной форме на войне. Партизан Денис Давыдов описывает следующий эпизод из отступления наполеоновской армии в 1812 году: "Наконец подошла старая гвардия, посреди коей находился и сам Наполеон... Мы вскочили на коней и снова явились у большой дороги. Неприятель, увидя шумные толпы наши, взял ружье под курок и гордо продолжал путь, не прибавляя шагу. Сколько ни покушались мы оторвать хоть одного рядового от этих сомкнутых колонн, но они, как гранитные, пренебрегая всеми усилиями нашими, оставались невредимы; я никогда не забуду свободную поступь и грозную осанку сих всеми родами смерти испытанных воинов. Осененные высокими медвежьими шапками, в синих мундирах, белых ремнях, с красными султанами и эполетами, они казались маковым цветом среди снежного поля... Все наши азиатские атаки не оказывали никакого действия против сомкнутого европейского строя... Колонны двигались одна за другой, отгоняя нас ружейными выстрелами и издеваясь над нашим вокруг них бесполезным наездничеством. В течение этого дня мы еще взяли одного генерала, множество обозов и до 700 пленных, но гвардия с Наполеоном прошла посреди толпы казаков наших, как стопушечный корабль между рыбачьими лодками"*. Замечательна, между прочим, здесь сила духа Дениса Давыдова, сохранявшего способность воспринимать красоту среди опасностей и напряженной деятельности.

В фильме "Чапаев" дано превосходное изображение мужественной атаки, производимой белогвардейским отрядом, составленным из офицеров. Вообще в этом фильме, изображающем гражданскую войну, с большим ис-

---

* Цитата из книги Е. Тарле, Наполеон. <М., 1936>, стр. 417; вероятно, из "Дневника партизанских действий" Дениса Давыдова. Собр. соч. Д. Давыдова, 1893.

кусством воспроизведены некоторые значительные стороны социальной жизни. Так, в нем изображены белые воины как люди высокой культуры, у которых вследствие сложности внутренней жизни существует большое расстояние между замыслом и воплощением его в жизни. Особенно можно наблюдать эти черты в командире отряда, полковнике, который, отдыхая вечером в помещичьей усадьбе, покинутой владельцами, садится за рояль и исполняет "Лунную сонату" Бетховена. Прямая противоположность полковнику воплощена в красноармейском начальнике Чапаеве и его сподвижниках: у них мысль превращается в действие с молниеобразною быстротою.

В мирной жизни великолепие силы, воплощенной в армии, обнаруживается на смотрах. В "Войне и мире" есть превосходное описание смотра союзной армии, произведенного вместе русским и австрийским императорами (т. I, ч. III, гл. VIII).

Физическая и духовная мощь русского народа нашла себе замечательное выражение в творчестве художника Сурикова, родившегося в казацкой семье в Сибири, в Красноярске. В монографии Евдокимова все творчество Сурикова рассмотрено как изображение "героизма и мужества великого народа в острые исторические минуты его поражений или титанической борьбы" (стр. 205). В таких картинах, как "Утро стрелецкой казни", "Боярыня Морозова", "Меньшиков в Березове", "Переход Суворова через Альпы" почти каждое лицо изображено Суриковым как индивидуально своеобразная личность, и вместе с тем в каждом из них выражено мужество русского народа, его удаль, неукротимая воля, железная энергия.

ГЛАВА 9

Искусство

1. Сущность искусства

Существенное содержание искусства есть красота, творимая фантазией человека и существующая в фантазии, но выраженная также и вовне словами или звуками, красками, пространственными формами, движениями, мимикой.

Почему человек нуждается в этой красоте? Мысль Гегеля, что красота в искусстве выше красоты в природе, потому что она творится духом, и утверждение его, что именно в искусстве достигается совершенная красота, ошибочны (см. выше гл. II и гл. III). Абсолютно совершенная красота осуществлена в живой действительности, именно в Царстве Божием, и даже в нашем психо-материальном царстве бытия есть красоты, стоящие бесконечно выше всего, что может быть сотворено в искусстве фантазиею человека. В русской эстетике об этом давно уже заговорил Чернышевский в своей диссертации "Эстетические отношения искусства к действительности" (1853 г.). Она написана без достаточно глубокой философской основы и эрудиции, однако основная цель ее —

показать, что в общем красота в действительности выше красоты в искусстве, правильна, и Вл. Соловьев написал даже о ней статью "Первый шаг к положительной эстетике" (1894).

Почему же человек нуждается в красоте, творимой искусством, хотя в действительности он может найти более совершенную красоту? Основания нашей потребности в художественной красоте многообразны; приведем лишь некоторые из них. Во-первых, красоту в живой действительности земному человеку нередко бывает трудно воспринять, потому что она вызывает в нем страх, или вожделение, или стремление придти на помощь страдающему и т.п. Искусство, творя аналогичные события и предметы как образы фантазии, освобождает от этих препятствий созерцания красоты. Мировая действительность слишком сложна: в ней, например, в жизни великих людей мелкие, кажущиеся случайными, однообразно скучные события занимают столько места, что в них иногда тонут великие деяния; искусство, производя выборки, сгущения и преувеличения, дает возможность без всякого почти напряжения созерцать красоту.

Во-вторых, надо иметь в виду, что не всякое произведение искусства создается фантазиею, *воспроизводящею* действительность, как это в крайней форме наблюдается при художественном натурализме. Есть виды искусства, в которых главную роль играет *творческая* фантазия, создающая образы, не встречавшиеся еще в жизни, обогащающая мир новым бытием и открывающая пути, по которым следует пойти или которых следует остерегаться. Я говорю, конечно, не о творении сполна во всех отношениях нового бытия, что доступно лишь Господу Богу, а об относительно новом, например об особенной силе благородства, совершенной чистоте сердца, самоотверженном героическом служении отечеству и т.п. Образы Антигоны, Корделии, "Орлеанской девы" Шиллера, Маркиза Позы, Алеши Карамазова, отца Зосимы, Татьяны Пушкина, тургеневских русских женщин, без сомнения, много влияли и будут влиять на формирование характера людей. Но иногда отрицательные образы, плохо понятые читателем или зрителем, могут быть источником соблазна, например увлечение Раскольникова мыслью, что человек, способный сказать новое слово, имеет право и на преступление для осуществления своих идей.

Наконец, в-третьих, важнейшее и главное значение искусства заключается в следующем. Действительность слишком сложна, в ней сплетается в трудно разложимый клубок столько жизней и столько различных ступеней развития, что во множестве случаев человек оказывается неспособным уловить великий смысл, которым пронизано все происходящее в мире. Искусство в своих подлинных, высших достижениях ставит перед нашим умственным взором смысл мира в конкретном, чувственно воплощенном выражении его, что и дает высокие ступени красоты. Реалистическое искусство достигает этой цели путем выборки из состава действительности, а искусство идеалистическое, которое у великих художников всегда заключает в себе и струю реализма, прибавляет к ней еще творение новых черт жизни. Высшая функция искусства заключается в том, что изображаемый им мировой смысл посредством своей красоты мощно влияет на человека в его целости, во всех его функциях: он воспитывает волю и чувство человека, дает уму знание, открывая Истину в объективном смысле (см. выше учение Гегеля, гл. II, 7), и доставляет нам всестороннее удовлетворение, т.е. минуты счастья в земной жизни.

Мировой смысл открывается через усмотрение, переживание или хотя бы намеки на связь мира с Богом. Философы и художники, знающие, что есть Бог или вообще Сверхмировое абсолютно совершенное начало, имеющее для мира всепроникающее значение, когда говорят о сущности искусства, обыкновенно и ставят его в связь с божественными основами бытия. Гегель говорит, что высшая задача искусства, наряду с религиею и философиею, состоит в том, чтобы выражать Божественное (X, I. А., стр. 11, 1835 г.) в конкретном чувственном явлении. Оно ведет к "освобождению духа от основания и формы конечного бытия", замечает Гегель, говоря о значении драматической поэзии (X, 11). Джон Рёскин говорит, что искусство состоит в том, чтобы "сделать доступными нашему взору вещи, о которых повествуют как об относящихся к будущему нашему состоянию или невидимо окружающих нас в этом мире. Оно дано нам, чтобы мы могли вообразить великое множество свидетелей на небе, на земле и на море — все эти души праведников, ожидающих нас; чтобы мы могли постичь существование великого воинства небесных сил и узнать среди них тех, с которыми нам хотелось бы жить вечно"*. "Поэзия есть Бог в святых мечтах земли", сказал Жуковский.

Александр Блок, послушав стихи Анны Ахматовой, прочитанные "на башне" у Вяче-

---

* Выборки из "Modern painters" в брошюре "Сельские листья", перев. А.П. Никифорова, <М., 1902> стр. 8.

слава Иванова, когда его настойчиво стали просить выразить о них свое мнение, сказал: "Она пишет стихи как бы перед мужчиной, а надо писать как бы перед Богом"*.

В современной литературе появились две книги, задача которых состоит в том, чтобы показать, что подлинное искусство может существовать лишь на основе сознательной или подсознательной связи с религией — В. Вейдле "Умирание искусства" <Париж, 1937> и И.А. Ильина "Основы художества. О совершенном в искусстве" <Рига, 1937>. Вейдле, приводя в своей книге много примеров умирания искусства, упадка вымысла, разложения формы и содержания, объясняет эти явления опустошением души человека и замкнутостью его в своем изолированном Я. Причину этого упадка он находит в ослаблении религиозности, утрате веры в чудесное, сверхземное, в распространении миропонимания, опирающегося только на математическое естествознание, в механизации и технизации жизни. "Религиозное возрождение мира только и может спасти искусство", говорит он (стр. 64). С большим жаром развивает по существу ту же мысль И.А. Ильин. Искусст-

---

* Монахиня Мария. Встречи с Блоком. Совр. Зап. 1936, XII, стр. 219.

во, говорит он, есть пророческое служение (8). Бог — художник мира, а человек-художник — "зритель" его (136). Отсюда ясно, что подлинное искусство требует творческого созерцания, направленного на духовное бытие, объективно ценное и совершенное (37, 88). Безрелигиозное искусство творится без любви к Божественному, совершенному. В основе его лежат страсти без духа, а они разрушительны: это — чувственность, лишенная органической связности, гниение, выражающееся в чувственной возбужденности, нервной развинченности, духовной пустоте. Душа такого человека нуждается в "возбуждающих средствах" (20-25). Примеры этого упадка искусства он находит у Р. Штрауса, Пикассо, Скрябина, Игоря Северянина, Маяковского и др. (27).

Великое искусство, действительно, всегда стоит в связи, сознательной или подсознательной, с проблемами религии и со всеми абсолютными ценностями, с Богом, с Истиною, с нравственным добром, свободою, полнотою жизни. Вспомним только в качестве примера нескольких первоклассных гениев — творцов гомеровского эпоса, Эсхила, Софокла, Данте, Шекспира, Корнеля, Расина, Шиллера, Гете, Пушкина, Достоевского, Льва Толстого. О творчестве Пушкина Л. Кобылинский-Эллис написал книгу, в которой убедительно доказывает, что Пушкин — реалист, но он показывает действительность в свете Божией правды. К сожалению, книга эта до сих пор не напечатана. Мною написана книга "Достоевский и его христианское мировоззрение"; в ней я задаюсь целью показать, что все мировоззрение Достоевского есть один из значительных образцов христианского миропонимания и мироощущения. Анализируя художественные произведения его, я нахожу, что судьбу своих героев Достоевский изображает как зависящую от их отношения к Богу.

Лучшие произведения живописи, скульптуры и архитектуры также прямо относятся к области религии или ведут к ней. Особенно непосредственно и глубоко связаны бывают с религиозными основами мира величайшие музыкальные произведения. Красота в природе и в искусстве, особенно музыкальная красота часто бывает источником глубокого религиозного опыта, приводящего человека к Богу впервые или исцеляющего от зародившихся сомнений. Кн. Е. Трубецкой рассказывает в своих "Воспоминаниях"* о таком опыте, пережитом им в юношеском возрасте. Кн. Е. Трубецкой и брат

---

* Кн. Е. Трубецкой. "Воспоминания", София, 1921.

его С. Трубецкой в детстве и отрочестве были глубоко религиозны, но в начале юношеского возраста вступили в полосу духовного кризиса, связанного с отрицанием всех традиционных устоев жизни. Они утратили религиозную веру, стали увлекаться позитивизмом Спенсера и Джона Стюарта Милля. Познакомившись с опровержением эмпиризма Локка, содержащимся в "Nouveaux Essais" Лейбница, и заметив, что Спенсер не понял глубокомысленных учений Канта об априорных началах знания, Е. Трубецкой освободился от позитивизма, но пришел к скептицизму, который был источником тяжелых мучений особенно для его нравственного сознания: он отчетливо сознавал, например, что нечестность абсолютно недопустима, но в то же время усматривал, что строгих доказательств необходимости бескорыстного поведения ум его найти не может. Выход из кризиса он нашел тогда, когда, увлекшись философиею Шопенгауэра, отчетливо осознал, что пессимизм есть необходимое следствие отрицания Абсолютно совершенного начала, стоящего над миром. Он стал перед дилеммою "Или Бог есть — или жить не стоит". Как раз в это время печатались в журнале "Русский Вестник" два произведения — роман Достоевского "Братья Карамазовы" и диссертация

Вл. Соловьева "Критика отвлеченных начал"; в одном из них та же дилемма обрисована художественно, а в другом философски, и в обоих дано положительное решение ее. В это же время братья Трубецкие увлеклись чтением брошюр Хомякова, излагающих учение о Церкви как Теле Христовом. Выйдя из состояния раздвоения между волею, хотевшею Бога, и умом, отрицающим Его, Евгений Трубецкой испытал, как он говорит, "радость *исцеления* в буквальном смысле слова", потому что "я переживал восстановление разрушенной *целости* моего человеческого существа" (67). Окончательное упрочение религиозного миропонимания установилось в душе кн. Евгения Трубецкого в связи с глубоким религиозным опытом, пережитым им во время исполнения IX симфонии Бетховена под управлением А. Рубинштейна. "Слушая первую часть симфонии", пишет Трубецкой, "я чувствовал, словно присутствую при какой-то космической буре: перед глазами мелькают молнии, слышится какой-то глухой подземный гром и рокот, от которого сотрясаются основы вселенной. Душа ищет, но не находит успокоения от охватившей ее тревоги. Эта тревога безвыходного мирового страдания и смятение проходит через все первые три части, нарастая, увеличиваясь. В изумительном скерцо с его повторяющимися тремя жесткими, резкими ударами душа ищет развлечься от этого сгущающегося мрака: откуда-то несется тривиальный мотив скромного бюргерского веселья и вдруг опять те же три сухие, резкие удара его прерывают и отталкивают: прочь пошлое, призрачное отдохновение, не место в душе филистерскому довольству, прозаическому мотиву, будничной радости. Весь этот раздор и хаос, вся эта мировая борьба в звуках, наполняющая душу отчаянием и ужасом, требует иного, высшего разрешения". "И вдруг, когда вы чувствуете себя у самого края темной бездны, куда проваливается мир, вы слышите резкий трубный звук, какие-то раздвигающие мир аккорды, властный призыв потусторонней выси, из иного плана бытия". "Из бесконечной дали несется pianissimo неведомый доселе мотив радости: оркестр нашептывает вам какие-то новые торжественные звуки. Но вот они растут, ширятся, близятся. Это уже не предвидение, не намек на иное будущее — человеческие голоса, которые вступают один за другим, могучий хор, который подхватывает победный гимн радости, это уже подлинное, это настоящее. И вы чувствуете себя разом поднятым в надзвездную высоту, над миром, над человечеством, над всей скорбью существования.

Обнимитесь все народы,
Ниц падите миллионы".

В симфонии Бетховена Е. Трубецкой усмотрел ту же дилемму, которая долго мучила его: "или есть Бог, и в Нем полнота жизни *над миром*, или не стоит жить вовсе". Но в симфонии дано и "нечто бесконечно большее, чем постановка дилеммы, — есть *жизненный опыт* потустороннего, — *реальное ощущение динамического покоя*. Мысль ваша <...> воспринимает всю мировую драму с той высоты вечности, где все смятение и ужас чудесно претворяются в радость и *покой*. И вы чувствуете, что вечный покой, который нисходит сверху на вселенную, — не отрицание жизни, а полнота жизни. Никто из великих художников и философов мира не ощутил и не раскрыл этого так, как это удалось Бетховену" (96-98).

Подобно религии искусство развивается при участии всех духовных и душевных сил человека, чувства, воли, ума, и мощно воздействует в свою очередь на все эти функции. Способствуя *конкретному* постижению Истины, искусство стоит выше философии. Первое место в нашей духовной жизни принадлежит религии, второе — искусству и только третье — философии.

Открывая смысл мира в конкретном воплощении его, пронизанном красотою, искусство с большою силою влияет на все стороны жизни — на религиозную жизнь, нравственную, политическую и т.д. Отсюда является стремление использовать искусство для обличения каких-либо отрицательных сторон жизни, для распространения каких-либо идей и новых форм общественности и т.п. Если художник, творя такое произведение искусства, продолжает в то же время служить Истине и сохраняет силу подлинно *художественного* воплощения действительности или идеала, то его творение есть законное проявление его высокого духа, не унижающее искусство, а напротив, обнаруживающее величие этой деятельности. Такова, например, драма Шиллера "Дон Карлос" или роман Достоевского "Бесы", раскрывающий сатанинскую струю революционного движения.

Но если в целях пропаганды идей художник подделывает действительность, искажает ее и неизбежно при этом творение его оказывается не достаточно художественным, его творчество становится *тенденциозным* в дурном значении этого слова: оно низводит искусство на степень лишь средства, и притом средства плохого. В качестве реакции против этого зла появляется лозунг — "искусство для искусства", который влечет художника к впадению в другую крайность. Сторонники этого лозунга, говорит Вл. Соловьев в своей статье "Первый шаг к положительной эстетике" (т. VI), "не ограничиваются справедливым утверждением специфической особенности искусства, или самостоятельности тех *средств*, какими оно действует, а отрицают всякую существенную связь с другими человеческими деятельностями и необходимое *подчинение* его общим жизненным целям человечества, считая его чем-то в себе замкнутым и безусловно самодовлеющим; вместо законной *автономии* для художественной области они проповедуют *эстетический сепаратизм*". "Нет: искусство не для искусства, а для осуществления той полноты жизни, которая необходимо включает в себя и особый элемент искусства — красоту, но включает не как что-нибудь отдельное и самодовлеющее, а в существенной и внутренней связи со всем остальным содержанием жизни" (стр. 425, 429).

2. Красота в искусстве

Красота не есть основная цель, которую ставит себе художник, творя свое произведение, подобно тому как при совершении нравственно доброго поступка, например оказания помощи больному, цель поступка состоит не в том, чтобы мне быть добрым, а в том, чтобы, руководясь человеколюбием, восстановить здоровье больного или, по крайней мере, облегчить его страдания. Великие творцы художественных произведений, жизнь которых нам достаточно известна, например Эсхил, Софокл, Еврипид, Данте, Гете, Шиллер, Пушкин, Достоевский, Лев Толстой, Рафаэль, Микель-Анджело, Моцарт, Бетховен, Глинка, Чайковский, Мусоргский, Римский-Корсаков и т.д. и т.д., принимают близко к сердцу проблемы мирового смысла и приступают к своей деятельности, сосредоточившись на какой-либо значительной теме. Сообразно их художественному гению, фантазия их изображает значительное содержание мира в чувственно воплощенной, конкретной форме, углубляясь вплоть до конкретного созерцания положительного смысла мира и несостоятельности зла. Согласно изложенной выше теории, всякое такое чувственно воплощенное положительное содержание мира, его божественная основа, разумность, нравственная добротность, свобода, мощь, жизненность и т.п., обладает, кроме этих основных достоинств, еще и *надстраивающеюся* над ними ценностью красоты. Красота художественного произведения есть в значительной мере неожиданная награда художнику за глубину его интереса к миру: она есть *следствие* величия его темы, а вовсе не первично поставленная им себе цель. Художник, взволнованный значительностью образа, зародившегося в его фантазии, хочет ввести его в сознание всех людей, привлечь к нему внимание, заразить всех тем интересом к нему, который переживает он сам. Он знает, что для этой цели необходимо дать образу как возможно более совершенное внешнее выражение, сделать его максимально жизненным, выработать для него форму, привлекающую слушателя или зрителя. В связи с этими приемами повышается красота, а, следовательно, и действенность образа. Художник знает это и нередко имеет в виду красоту, однако *не для нее самой*, а для того значительного *мирового смысла*, который увлекает его. Красота сама по себе не может быть целью великого художника, потому что без значительной темы она иллюзорна, пуста, имеет характер подделки, которой не может выносить разум и чувство великого человека. Но, с другой стороны, если красоты в художественном образе нет, это означает, что творцу его не удалось в совершенстве выразить волнующее его значительное содержание мира, и этого недостатка красоты опять-таки не может допустить великий художник, критически оценивающий свое произведение.

Эти соображения об отношении художника к красоте в момент творчества опираются на учение о том, что красота есть фундированная ценность, именно возникает на основе других положительных ценностей, если они чувственно воплощены. Когда я читал доклад об этом, историк русской литературы А.Л. Бем поставил мне вопрос, как согласовать учение о фундированности красоты с тем фактом, что поэт творит свое произведение "с установкою на красоту" и что красота "преображает" материал, с которым оперирует художник. Ответ на этот вопрос, собственно, уже дан в только что высказанных соображениях. Первостепенный интерес великого художника есть установка не на красоту, а на мировой смысл, конкретно осуществленный, и лишь второстепенно художник имеет в виду также и красоту, особенно тогда, когда он замечает недостаток ее или, критикуя свое творение, изобретает приемы для достижения ее не ради нее самой, а потому что она есть верный симптом жизненности сотворенного им образа и действенности его. Преображение материала состоит не в том, что любой материал может стать красивым, а в том, что при достижении красоты положительно ценное, уже *наличное* в материале или получающееся при дополнении его другим материалом, выступает в полном блеске и отчетливости. Таким образом, если иметь в виду, как и следует при обсуждении этого вопроса, не процесс творчества, а результат его, т.е. произведение искусства, красота его есть сполна ценность фундированная, а не фундирующая.

Ступени и виды красоты в искусстве те же, что и в действительности, как это уже было указано выше. Высшая ступень красоты, идеал ее, осуществленный в Царстве Божием, открывается в нашей земной действительности в видениях святых, мистиков и некоторых обыкновенных людей, почему-либо удостоившихся общения с этим царством. Примеры этих видений были даны в первой главе. И фантазия художников всех стран и всех эпох стремится дать нам образы этого Царства в поэзии, живописи, скульптуре и музыке; великие произведения искусства являются плодом этих усилий, но они никогда не могут вполне удовлетворить нас, так как в них не удается вместить всю полноту идеала. Некоторое представление о том, как искусство всегда содержит в себе какие-либо упущения, дают рассуждения православного архиерея о недостатках изображений Христа в живописи, приведенные в рассказе Лескова "На краю света". Лесков передает в этом рассказе беседу "о нашей вере и нашем неверии", происходившую за чайным столом в гостиной архиерейского дома. Один из гостей сказал, что в русском духовенстве есть люди "умные и добрые, но они едва ли понимают Христа. Их положение и прочее... заставляет их толковать все... слишком узко". Архиерей посмотрел на него, улыбнулся и сказал: "Справедливость была бы оскорблена, если бы я решился признать вместе с вами, что в России Господа Христа понимают менее, чем в Тюбингене, Лондоне или Женеве". С этими словами он взял со стола большой, богато украшенный резьбою из слоновой кости альбом и, раскрыв его, сказал: "Вот наш Господь. — Зову Его посмотреть. Здесь я собрал много изображений Его лица. Вот Он сидит у кладезя с женой самаритянской — работа дивная; художник, надо думать, понимал и лицо, и момент. — Однако нет ли здесь в Божественном лице излишней мягкости? Не кажется ли вам, что Ему уже слишком все равно, сколько эта женщина имела мужей и что нынешний муж ей не муж? — Мне кажется, сюда немного строгого внимания было бы чертой нелишнею.

— Посмотрим далее. Опять великий мастер. Христа целует здесь Иуда. Как кажется вам здесь Господен лик? Какая сдержанность и доброта! Не правда ли? Прекрасное изображение! — Однако не слишком ли много здесь усилия сдерживаться? Смотрите: левая щека, мне кажется, дрожит и на устах как бы гадливость.

— Вот вновь Христос и тоже кисть великая писала. — Тициан: перед Господом стоит коварный фарисей с динарием. Смотрите-ка: какой лукавый старец, но Христос... "Христос... Ох, я боюсь! Смотрите: нет ли тут презрения на Его лице?" — "Оно и быть могло, владыко". — "Могло, не спорю: старец гадок; но я, молясь, таким себе не мыслю Господа и думаю, что это неудобно.

— Вот вам снимок с прекрасной головы скульптора Кауера: хорош, хорош! — ни слова; но мне, воля ваша, эта академическая голова напоминает гораздо менее Христа, чем Платона. Вот Он еще... какой страдалец... какой ужасный вид придал Ему Межсу... Не понимаю, зачем он Его так избил, иссек и искровянил... Это право ужасно! Опухли веки, кровь и синяки... весь дух, кажется, из Него выбит, и на одно страдающее тело уже смотреть даже страшно... Перевернем скорей. Он тут внушает только сострадание, и ничего более. — Вот вам Лафон, может быть, и небольшой художник, да на многих нынче хорошо потрафил; он, как видите, понял Христа иначе, чем все предыдущие, и иначе Его себе и нам представил: фигура стройная и привлекательная, лик добрый, голубиный, взгляд под чистым лбом, и как легко волнуются здесь кудри: тут локоны, тут эти петушки, крутясь, легли на лбу. Красиво, право! а на руке Его пылает сердце, обвитое терновою лозою. Это "Sacré coeur", что отцы иезуиты проповедуют. Признаюсь вам, я этому щеголеватому канареечному Христу охотно предпочел бы вот эту жидоватую главу Гверчино, хотя и она говорит мне только о добром и восторженном раввине, которого, по определению господина Ренана, можно было любить и с удовольствием слушать...

— Закроем теперь все это, и обернитесь к углу, к которому стоите спиною: опять лик Христов и уже на сей раз это именно не лицо, — а лик. Типическое русское изображение Господа: взгляд прям и прост, темя возвышенное, что, как известно, и по системе Лафатера означает способность возвышенного богопочтения;

в лике есть выражение, но нет страстей. Как достигали такой прелести изображения наши старые мастера? — Это осталось их тайной, которая и умерла вместе с ними и с их отверженным искусством. Просто — до невозможности желать простейшего в искусстве: черты суть слегка означены, а впечатление полно; мужиковат Он, правда, но при всем том Ему подобает поклонение, и как кому угодно, а по-моему, наш простодушный мастер лучше всех *понял* — Кого ему надо было написать".

В двадцатом веке появились даже и такие изображения Христа, в которых ему придана магическая сила взгляда, несколько напоминающая тех волевых людей, которые нарисованы в рекламах популярных книг, завлекающих читателя надеждой на возможность достигнуть успехов в жизни путем воспитания воли, психотехники и т.п. Этот вид силы недопустим в изображении Христа; такую насилующую магию великолепно воплощал Шаляпин, изображая в опере "Фауст" заклинание роз Мефистофелем.

Неудовлетворительны также изображения Христа, в которых ему придано переживание человечески одностороннего сострадания, имеющего характер полной сосредоточенности на страдающем и забвения всего, кроме задачи помочь несчастному. В таких изображениях упущен из виду момент заслуженности всякого страдания и Божественный промысел о всем мире, выражающийся в каждом проявлении Христа. Поэтому иконы, изображающие Христа как подлинное воплощение Бога, наряду с благостью должны содержать в себе и момент строгости, стояния выше односторонних погружений в единичное.

Более близки к совершенству изображения Богоматери, особенно те византийские иконы, в которых выражена сверхземная *духовность* ее, как это мы видим, например, в иконе Владимирской Божией Матери, привезенной в Россию в XII веке*.

Меньшие требования мы предъявляем к живописи, изображающей святых и высшие ступени религиозной жизни обыкновенных людей. Эти произведения, открывая нам просветы в Царство Божие, нередко доставляют чрезвычайно высокое удовлетворение. Такова, напри-

---

* Монография Prof A.J. Anisimov, Our Lady of Vladimir, изд. Кондаковского института, Прага 1928. – См. соображения А. Волынского о *душевности* Мадонн западноевропейского искусства эпохи Возрождения и о *духовности* византийских икон в сборнике его критических статей "Книга великого гнева" <Спб.>, 1904.

мер, картина Нестерова "Явление отроку Варфоломею" с прекрасным молитвенным выражением лица будущего св. Сергия, когда отроком он имел видение схимника, благословляющего его. Прекрасна также его картина "Христова невеста", глубина глаз которой свидетельствует о духовном восхождении ее в высшее царство бытия. Замечательно также изображение природы в картине Нестерова "Юность преподобного Сергия". С. Глаголь, написавший монографию "М.В. Нестеров", пишет о ней: "В картине все молилось, все прославляло Творца, всякая тварь хвалила Господа. Картина одно время <даже> так и называлась: "Слава в вышних Богу и на земле мир, в человецех благоволение" (стр. 34).

О красоте индивидуального своеобразия личности и трудности для земного человека наблюдать и изобразить ее было уже много сказано в предыдущих главах. Здесь я только коснусь следующей трудной проблемы. Творение живой личности, способной проявить себя как единственное в мире, неповторимое и незаменимое существо, доступно только Богу. Нельзя допустить, чтобы человек, как бы он ни был гениален, способен был сотворить такое существо, хотя бы только как образ своей фантазии. Остается только прибегнуть к следующей гипотезе, чтобы понять, как удается великим художникам создавать образы индивидуальностей, никогда не встречавшихся нам в действительности. Простейший случай состоит в том, что художник наблюдал в действительности индивидуальное своеобразие какой-либо личности, поразившей его, и в своем произведении не описывает подмеченные им факты ее проявлений, а ставит ее мысленно в новые значительные положения и в своем творческом воображении отдает себе отчет, как она проявилась бы сообразно своей индивидуальности. Но возможны и случаи гораздо более загадочного проникновения в область небывалого. Гениальный художник, благодаря подсознательной связи своей со всем миром и даже Божественною основою его, может уловить индивидуальность личности, еще не участвующей в истории человечества, и мысленно ставя ее в те или иные условия, творит в своей фантазии такие проявления ее, которые соответствовали бы ее своеобразию. Может быть, нечто в этом роде имел в виду А.К. Толстой, говоря:

Тщетно, художник, ты мнишь, что
    творений своих ты создатель.
Вечно носились они над землей, незримые
    оку.

В старых детально разработанных системах эстетики, как, например, у Гегеля, у Fr. Th. Vischer'a, очень много места уделяется исследованию всех видов искусства. Большинство вопросов, о которых они подробно говорили, относится к специальной науке, именно к искусствоведению. В этой книге рассмотрены только те вопросы, которые действительно принадлежат к области основ эстетики как философской науки. Поэтому в дополнение ко всему сказанному в этой главе и в предыдущих можно ограничиться еще лишь несколькими замечаниями.

Бытие, имеющее отрицательную ценность, всегда оказывается в своем чувственном воплощении также и эстетически безобразным. Однако и в жизни, и в искусстве, когда сталкиваются две значительные правомерные тенденции, раздвоенные в нашем грешном царстве бытия вследствие дисгармонии его, возникают *трагические положения*, проникнутые таким внутренним или также и внешним страданием участников его, что безобразие отступает на второй план или даже вовсе не замечается, до такой степени оно заслонено созерцанием чувственно воплощенной осмысленности мира и связанной с нею красоты. Так, например, глубокая любовь стремится к совершенной отдаче себя любимому существу и вместе с тем проникнута желанием встретить такую же совершенную самоотдачу с его стороны. В Царстве Божием эти две противоположные тенденции примиримы и совместно осуществимы, потому что оба любящих друг друга существа вполне свободны от эгоизма, оба они живут творением абсолютных ценностей и оба интуитивно созерцают душу друг друга до последней глубины. В нашем царстве бытия обе эти тенденции любви сохраняются, но условий для гармонического сочетания их нет и отсюда зачастую возникает "ненависть в любви". В трагедии Клейста "Пентезилея"* такое положение обрисовано с большою силою и притом так, что отрицательные черты этого явления не мешают красоте целого вследствие глубокого значения целого.

Осмысленность мира вовсе не обязывает к тому, чтобы всякое художественное произведение имело "счастливое завершение" (happy end). Если художник усиливается изобразить жизнь так, будто добродетель всегда в земной жизни торжествует, а зло всегда подвергается внешнему наказанию, то произведение его имеет характер тенденциозного односторонне-

---

* Перевод Ф. Сологуба и А. Чеботаревской в "Русской мысли", июль 1914.

го морализма и обнаруживает мелкое понимание строения мира и последних целей мирового процесса. В самом деле, в жизни, в пределах, доступных нашему наблюдению, злое существо нередко пользуется внешним благоденствием и внутренне не испытывает никаких угрызений совести. Морально и эстетически омерзительное зрелище торжествующей свиньи вовсе не редкое явление. Внешнее наказание даже и за тяжелые преступления, вследствие несовершенства социальной техники, иногда не постигает человека. К тому же многие виды зла находятся вне сферы правовых отношений. Внутреннее наказание в форме угрызений совести и тем более в виде раскаяния возникает только на довольно высокой ступени духовного развития. Вообще, чем ниже ступень развития какого-либо существа, также и человека, тем чаще ему случается вносить в мир зло, не получая наказания, соразмерного степени зла. Только в дальнейшем своем развитии, чаще всего в посмертном, следовательно, недоступном нашему наблюдению, всякое существо дорастает до такой ступени духовности, при котором оно становится способным к раскаянию. Точно так же и существо, возрастающее в добре, особенно в начале этого процесса, обыкновенно вовсе не получает *внешней* награды и *внешнего* благоденствия. Скорее наоборот, оно подвергается преследованиям, клевете, заподозреваниям и т.п. бедствиям. Это и понятно, если принять во внимание, что совершенное добро возможно лишь на основе бескорыстной любви к Богу и другим абсолютным ценностям. Мир, по-видимому, так устроен, что при возрастании добра сердце человека подвергается многосторонним испытаниям, вскрывающим самые сокровенные тайники его*. Отсюда ясно, что в искусстве торжествующее зло и страдающая добродетель могут и должны быть изображаемы, однако с такою полнотою, при которой, по крайней мере, внутреннее ничтожество зла и внутреннее достоинство добра были бы обнаружены в конкретном, чувственно воплощенном виде.

Недостаток, противоположный одностороннему, тенденциозному морализму, является тогда, когда художник, увлекаясь иногда безотчетно для самого себя какою-либо дурною страстью, например похотливостью, изображает зло как нечто привлекательное, красивое и вводит в соблазн людей, воспринимающих его произведение. Так, например, в романе Соло-

---

* См. мою книгу "Условия абсолютного добра" (основы этики)" гл. VIII "Санкции нравственного закона. 8. Испытание сердца на пути к добру".

губа "Мелкий бес", произведении во многих отношениях ценном, немало места уделено сношениям красивой молоденькой девушки с красивым отроком, которые чувственно распаляют друг друга переодеваниями и взаимными раздеваниями, постепенно доходя в этом направлении до крайних пределов. В этих сценах талантливо изображена красота человеческих тел, привлекательность их, но упущена из виду неестественность этих отношений, неизбежно сопутствуемая физическим и душевным разложением. Эта сторона произведения высокоталантливого писателя граничит с порнографиею.

Художественное изображение отрицательных сторон жизни, ужасных, возмутительных, отвратительных и т.п., должно считаться со слабостью сил человека: переступив некоторые границы, художник не может уже надеяться на то, что читатель, зритель или слушатель сохранит спокойствие духа, которое необходимо для эстетического восприятия его произведений. Так, например, картина Репина, изображающая убийство сына Иоанном Грозным, грешит этим недостатком. Картина Груневальда, изображающая истерзанное тело Христа, произвела на Достоевского такое тяжелое впечатление, что он был близок к эпилептическому припадку. На границе доступного эстетическому восприятию часто стоит Достоевский, изображая преступления, душевные ненормальности и страдания, ведущие к "надрывам", в "Преступлении и наказании", в "Идиоте", в "Бесах", в "Братьях Карамазовых". Но Достоевский первоклассный гений. Поняв это, читатель должен вновь и вновь возвращаться к его произведениям и тогда, поняв глубокий религиозно-философский смысл изображаемой им жизни*, он воспитает свой ум и волю настолько, что увидит высокую красоту его творений. Велика заслуга А. Волынского, который в своей "Книге великого гнева" открывает и глубокий смысл и замечательную красоту многих сторон творчества Достоевского. Так, он вскрывает большую красоту в описаниях внешности, например, Настасьи Филипповны, Ставрогина, Грушеньки, в сочетании с глубиною их души. Необходимо только, читая книгу Волынского, вычесть из нее заблуждения, вытекающие из его ложного учения, будто высшее духовное начало, лежащее в основе мира, — безлично.

В заключение нужно еще сказать несколько слов о музыке, потому что она — самое зага-

---

* См. об этом смысле мою книгу "Достоевский и его христианское миропонимание".

дочное из всех искусств. В предыдущих главах несколько раз уже было сказано, что звук есть одно из самых непосредственных выражений внутренней жизни, чувств, настроений, волевых устремлений и отвращений, побед и поражений. Шопенгауэр, согласно метафизике которого в основе всего мира лежит воля, говорит, что музыка есть "непосредственная объективация и отражение всей воли" ("Мир как воля и представление", III кн., пар. 52), музыка "сообщает не о вещах, а только о благополучии и страдании, так как они суть единственные реальности для воли; поэтому она так сильно говорит сердцу" (собрание сочинений в издании Реклама, V т., стр. 455). С этим учением Шопенгауэра о музыке можно согласиться по существу, под условием, однако, что под словом "воля" здесь нужно разуметь конкретное целое, в состав которого входят и чувства, и представления, динамизированные волею, и достижения и поражения.

Внутреннюю жизнь человека музыка выражает непосредственнее и сильнее, чем все остальные искусства. Согласно персонализму, весь мир состоит из существ, которые суть личности, действительные или по крайней мере потенциальные. Поэтому все существа в мире обладают внутреннею жизнью, более или менее аналогичною жизни человека. Правда, она иногда бывает настолько более упрощенною и примитивною, чем наша психическая жизнь, что должна быть отмечена особым термином и названа "психоидною", а у существ более высокого порядка, чем человек, она настолько сложна и своеобразна, что должна быть названа "гиперпсихическою". Музыка способна выражать все эти области жизни. Она непосредственно вводит нас во внутреннюю жизнь стихий, химических и физических процессов, в жизнь кристаллов, пылинок, танцующих в лучах солнца, в жизнь растений и животных, рек, ручьев и морей, может быть, даже в жизнь планет и солнечных систем и, наконец, даже в жизнь Царства Божия.

Вследствие всеохватывающего характера музыки многие творения ее не могут быть истолкованы как выражение человеческих чувств и стремлений. Этим обстоятельством можно объяснить такие учения, как, например, выраженное в книге Э. Ганслика "О музыкально прекрасном"*. Ганслик говорит: "Чувства считаются *содержанием*, которое музыка изображает в своих творениях". Это — ложная

---

* Э. Ганслик. О музыкально прекрасном. Перев. Лароша. М., 1895.

мысль: "Прекрасное вообще не имеет цели, ибо оно есть чистая *форма*"; <...> если из содержания этой формы "рождаются приятные чувства, то самому прекрасному до этих чувств нет никакого дела" (15). "Красота музыкального произведения есть нечто чисто музыкальное, то есть заключается в сочетаниях звуков, без отношения к какой-нибудь чужой, внемузыкальной сфере мыслей" (9). Сущность музыки, говорит Ганслик, состоит в отношениях прелестных звуков, их согласии и борьбе, нарастании — замирании; различные стороны ее суть мелодия, гармония, ритм, звучность, т.е. тембры (66). Музыка может изображать только *динамическую* сторону чувств: в ней есть "изменения в силе, в движении, в пропорциях, например идея возрастания, замирания спешного или замедленного, затейливого сплетения, простого движения вперед и т.п." "Так, например, такое-то тихое, гармонически льющееся адажио будет прекрасным проявлением идеи тихого, гармонического *вообще*"; но фантазия *может истолковать* такую музыку "как выражение тихой покорности судьбе души, примиренной с собою" (32-33). Но в действительности, говорит Ганслик, в музыке выражены только "движущиеся звуковые формы", как в калейдоскопе имеется только "игра цветов и фигур", как в арабесках только линии, которые "мягко опускаются, смело взлетают кверху" (67). Конечно, поясняет Ганслик, речь идет об инструментальной музыке: "одна лишь инструментальная музыка есть чистое, абсолютное искусство звуков" (42). Вокальная музыка есть сочетание музыки с поэзиею, — "морганатический брак" (43, 64). В конце своего труда, в главе "Анализ субъективного впечатления от музыки" Ганслик делает пояснения, в значительной мере смягчающие односторонность его теории. Преобладающие черты композитора, говорит он, могут отпечатлеться в его творении, — в выборе тональностей, ритмов и т.п.; можно сказать о теме, что "она *звучит* гордо или грустно, но не то, что она служит *выражением* гордости или грусти композитора" (107 с). Далее, он указывает на то, что следует отличать композицию и исполнение, и наделяет исполнение такими свойствами, которые, можно сказать, отменяют его теорию, высказанную в первых главах книги: "*играющему* дана возможность передавать охватившее его чувство инструменту и в исполнение свое вдыхать бушующее волнение, пылкое желание или светлое ощущение силы и радости, наполняющее его сердце" (109). В особенности *импровизация* "может стать настоящею речью.

Кто когда бы то ни было испытал на себе действие этой ничем не стесняемой речи, этого сбросившего все узы излияния, тот знает, как здесь любовь, ревность, радость и горе, разоблаченные и бесстрашные, звучат и бушуют, празднуют свои торжества, поют свои песни, дают свои сражения, пока мастер не заставит их замолчать" (111). Вот эту именно содержательность музыки и следует отстаивать в противоположность тому, что говорил в начале своего труда Ганслик, утверждая, будто ничего, кроме звуков, в музыке нет, и сравнивая музыку с "игрою цветов и фигур калейдоскопа". Такая теория, настаивающая на бессодержательности музыки, могла явиться лишь вследствие реакции против попыток всякое музыкальное произведение понимать как программную музыку, и именно как выражение различных сторон *человеческой* жизни. На деле, конечно, не следует усиливаться отгадывать, какие положения *человеческой жизни* выражены в музыке; непосредственно воспринимая значительность и выразительность звуков, следует удовлетворяться ею и не мешать своими умствованиями полноте восприятия музыки: содержание жизни, непосредственно улавливаемое в звуках, во множестве случаев принадлежит не человеку, а низшим или высшим, чем человек, существам и не может быть адекватно выражено в чувствах, стремлениях и образах человеческой жизни.

3. Искусство и жизнь

Основная задача искусства — конкретное постижение мирового смысла. Многие стороны жизни так загадочны и столь значительны, что на протяжении многих веков у всех народов искусство все вновь и вновь в лице своих величайших гениев берется за разработку одних и тех же проблем. Из числа таких вечных тем укажем хотя бы на проблему Прометея, Дон-Кихота, Гамлета, Фауста, Дон-Жуана. Коснемся бегло вопроса о донжуанизме, чтобы отдать себе отчет, какое всепроникающее значение имеют вечные темы.

Согласно общему правилу "corruptio optimi pessima" (искажение наилучшего ведет к наихудшему), самые значительные виды зла возникают не на почве телесной или душевной жизни, а как следствие искажения духовной жизни. Так и донжуанизм есть извращение духа, именно томление его по всеобъемлющей любви Царства Божия, пытающееся достигнуть удовлетворения на путях, коренным образом ложных. Члены Царства Божия, ангелы и святые, любят все существа всего мира индивидуальною личною любовью. Любовь есть не только *субъективное психическое* переживание: сущность ее состоит в установлении тесной *онтологической* связи с любимым существом; любящий включает в состав своей личности чужую индивидуальность в ее идеальном аспекте, борясь за ее благо и жизнь как за себя самого; он отдает ей всего себя и стремится получить от любимого существа такую же самоотдачу*. Только в Царстве Божием возможно осуществление такой любви, как взаимной, в полной мере. В самом деле, небожители вполне свободны от эгоизма, их творчество направлено только на созидание абсолютных ценностей; поэтому между ними возможно полное единодушие. Духовное единодушие их сопутствуется также и совершенным взаимопроникновением их преображенных тел. Тела у них космические, т.е. охватывающие весь мир**, не содержащие в себе физиологических процессов и необходимых для этого анатомичес-

---

* См. учение о любви в книге моей "Условия абсолютного добра" (основы этики).

**См. мою статью "О воскресении во плоти" в "Пути", 1931.

ких органов; следовательно, взаимопроникновение их тел глубоко отличается от половых функций земных существ. В Царстве Божием вообще нет ни мужского, ни женского начала: каждая личность в нем есть существо сверхполое, обладающее положительными *духовными* достоинствами мужества и женственности, которые вовсе не исключают друг друга и могут быть совмещены в одном лице. Иной характер имеет та любовь, которая называется половою и существует только в нашем психо-материальном царстве. Как глубоко ни любил бы мужчина женщину или женщина мужчину, полного единодушия между ними быть не может, потому что хотя бы в минимальной степени каждый из них сохраняет в себе эгоистическую исключительность. Поэтому земная любовь всегда есть только дробь совершенной любви и совершенного единодушия, существующих в Царстве Божием. Отсюда является неполное удовлетворение такою любовью. Однако, совершив избрание любимого существа и заключив брак, человек должен отказаться от дальнейших поисков совершенной любви, неосуществимой в наших условиях: — он обязан сохранять верность в браке и во имя интересов другой стороны и особенно ради детей, если они появились.

Прекрасное изображение всеобъемлющей любви Царства Божия и неизбежной дробности нашей земной любви дано в стихотворении А.К. Толстого, положенном на музыку Чайковским:

Слеза дрожит в твоем ревнивом взоре —
О, не грусти, ты все мне дорога!
Но я любить могу лишь на просторе —
Мою любовь, широкую как море,
Вместить не могут жизни берега.

Когда Глагола творческая сила
Толпы миров воззвала из ночи,
Любовь их все, как солнце, озарила,
И лишь на землю, к нам, ее светила
Нисходят порознь редкие лучи.

И порознь их отыскивая жадно,
Мы ловим отблеск вечной красоты;
Нам вестью лес о ней шумит отрадной,
О ней поток гремит струею хладной
И говорят, качаяся, цветы.

И любим мы любовью раздробленной
И тихий шепот вербы над ручьем,
И милой девы взор на нас склоненный,
И звездный блеск, и все красы вселенной,
И ничего мы вместе не сольем.

Но не грусти, земное минет горе,
Пожди еще — неволя недолга —
В одну любовь мы все сольемся вскоре,
В одну любовь, широкую, как море,
Что не вместят земные берега!

Донжуанизм есть извращение духа, состоящее в том, что человек пытается достигнуть полноты удовлетворения, бросая одну дробную любовь и переходя к другой, третьей и т.д., тоже дробной любви, пренебрегая обязанностями в отношении к любимому существу. В мировой литературе все вновь и вновь появляются изображения этого явления, потому что оно существует во множестве видоизменений, начиная с возвышенных исканий идеала, сопутствуемых глубоким страданием вследствие разочарований, и кончая развратом такого существа, как Федор Павлович Карамазов, который умеет находить своеобразную прелесть во всякой "мовешке" и получать от нее мимолетное удовлетворение. Донжуанизм встречается и среди женщин. В рассказе Бунина "Дело корнета Елагина" изображена артистка Сосновская с такою разновидностью донжуанизма, которую можно назвать хищническою. Такое извращение духа, как религиозная проституция, тоже, может быть, объясняется исканием всеобъемлющей любви.

Художественная обработка каждой значительной темы глубоко влияет на действительную жизнь. Прежде всего искусство научает *видеть* те стороны жизни, которые изображены им. Гете, вернувшись из Дрезденской галереи к себе в квартиру сапожника, увидел действительность как картину Остаде и стал развивать в себе умение смотреть на природу глазами того или иного артиста. Увлечение положительною стороною жизни или отвращение к отрицательной стороне ее, возникающее под влиянием конкретных художественных образов, воплощается в значительной мере в действительной жизни. Суровая сатира, вроде комедии Гоголя "Ревизор", на такие печальные явления, как взяточничество в России до реформ Александра II, несомненно содействовала очищению русской жизни от этой мерзости. В некоторых учреждениях, например в суде, в школе в России конца XIX — начала XX вв., взяточничество было совершенно почти искоренено, а в самодовольной Западной Европе мы, попав в эмиграцию, с удивлением увидели процветание этого порока даже в высшей школе. Вообще, если в искусстве какого-либо народа ярко изображается какой-либо недостаток его, это, обыкновенно, есть признак того, что недостаток вскоре будет искоренен.

"Эстетически прекрасное должно вести *к реальному улучшению действительности*", говорит Соловьев ("Красота в природе", VI т., стр. 30). Главная функция художественной красоты и состоит в таком влиянии ее на действительную жизнь. Один из видов поэзии, именно лирика, представляет собою во многих случаях нечто уже выходящее за пределы искусства: такие изумительной красоты стихотворения, как "Я помню чудное мгновенье" или "Воспоминание" Пушкина и "Когда волнуется желтеющая нива" или "Выхожу один я на дорогу" Лермонтова представляют собою действительную жизнь поэта в моменты, когда глубокое переживание, пронизанное сильными эмоциями, осуществляется в высоко одухотворенной, гармонически прекрасной форме. Так в жизни русского простого народа причитания по поводу смерти любимого лица, приобретающие характер импровизации, бывают иногда выражением живого действительного чувства, смягченного и введенного в эстетически ценные границы высокою духовностью*.

---

* О русских причитаниях см. книгу Elsa Mahler, "Die russische Totenklage", Veröffentlichungen des Slavischen Institut an der Universität Berlin, 1935, Otto Harrasowitz, Leipzig.

Поскольку искусство влияет благотворно на жизнь, облагораживая ее и содействуя творению абсолютных ценностей, оно становится причастным тому процессу, который можно назвать словом "теургия". Этим термином следует обозначать *нормальную эволюцию*, т.е. то развитие личности, которое совершается согласно нормам воли Божией и возводит к порогу Царства Божия*.

---

* О теургии писал в русской литературе главным образом Вл. Соловьев.

ГЛАВА 10

Критика философских направлений в эстетике

1. Релятивизм в эстетике

Все содержание моей книги представляет собою обоснование учения об *абсолютности красоты*, т.е. учения о том, что красота предмета есть ценность, *общезначимая для всех личностей*. Основной тезис о сущности красоты, отстаиваемый в этой книге, необходимо связан с признанием ее общезначимости: всякая положительная ценность бытия (святость, духовность, жизненность, свобода, мощь и т.п.), будучи чувственно воплощена, приобретает в дополнение к своей основной положительности еще и надстроенную своеобразную ценность, именно ценность красоты. Каждый из перечисленных в качестве примера положительных, чувственно воплощенных видов бытия есть нечто объективное, наличествующее в мире, действительном или воображаемом; также и ценность его, как основная, так и надстроенная над ней ценность красоты объективна, т.е. принадлежит самому этому бытию. Согласно интуитивистической теории знания, воспринимаемый предмет вступает в сознание наблюдателя в подлиннике и по своему бытию, и по своей ценности. Отсюда следует, что, если предмет красив, он вступает в сознание любого субъекта, действительно наблюдающего его, с одною и тою же присущею ему красотою. Конечно, к воспринятой объективной ценности красоты в душе каждого наблюдателя присоединяется еще субъективная реакция, чувство красоты, чувство удовольствия, иногда даже чувство счастия и т.п.*; эти чувства у различных наблюдателей крайне различны, но они представляют собою нечто сравнительно второстепенное: не они составляют сущность красоты как объективной ценности.

В противоположность решительно и отчетливо высказанному учению о тождестве красоты для всех субъектов, сторонник релятивизма станет с торжеством указывать на множество фактов разногласий между людьми по вопросу об эстетическом достоинстве чуть ли не любой вещи и любого художественного произведения. Правило "о вкусах не спорят" применяется многими людьми не только к оценке кушаний, но и к эстетическому вкусу. Сторонник эстетического абсолютизма не смущается разногласиями в оценке красоты и приводит следующее основное соображение в защиту своего

---

* См. об этих чувствах гл. II, 8 и гл. V.

учения: споры возникают по вопросу о красоте предметов нашего психо-материального царства бытия, но их красота всегда *ущерблена*, в сложном составе предмета всегда, кроме аспектов красоты, существуют еще аспекты безобразия. Наше созерцание и опознание предмета всегда есть *выборка* из состава его тех или других сторон; поэтому легко может случиться, что один наблюдатель опознает в предмете преимущественно его эстетические положительные, а другой — эстетически отрицательные стороны. Если бы мы стояли лицом к лицу с совершенною красотою существ Царства Божия, разногласия, сомнения и колебания не возникали бы.

Различие в выборке, производимой из предмета, зависит не только от различия в характере людей, обусловливающего неодинаковое направление их внимания; часто оно бывает обусловлено различною ступенью развития наблюдателей, большею или меньшею широтою интересов, объемом сознания, степенью подготовки к эстетическому восприятию и богатством накопленного уже эстетического опыта.

При восприятии художественных произведений различие состава сознания у разных лиц обусловлено не только неодинаковою выборкою из предмета, но еще и тем, что наблюдатель дополняет его творчеством своей собственной фантазии. Как искусный режиссер, ставя посредственную драму или комедию, может высоко поднять ее ценность, пополнив ее своим творчеством, так и читатель рассказа или романа может внести в него большее богатство и совершенство содержания, чем дал автор. Например, роман Беннет "Маленький лорд Фаунтлерой" художественно несовершенен; но читатель, способный к художественному творчеству, одобряя замысел автора, может многие сцены этого романа представить в своей фантазии так, что они приобретут высокую красоту.

В рассмотренных нами случаях разногласие может быть весьма ярко выражено, но оно не касается сущности красоты; оно обусловлено тем, что наблюдатели видят в предмете и оценивают *не одни и те же*, а различные стороны его: одни видят в нем его подлинно эстетически положительные аспекты, а другие — его подлинно эстетически отрицательные аспекты. Существенным становится разногласие в том случае, когда в уме одного из спорящих лиц происходит *смешение* эстетической ценности предмета с какими-либо другими ценностями, например, с ценностью знания или с чувственною приятностью, щекотанием вожделений половых, вкусовых и т.п.

Бесчисленное множество примеров эстетического разногласия можно найти в суждениях современников и потомков о великих и малых творцах художественных произведений. Вспомним хотя бы, как много отрицательных суждений встретило творчество *Гете*, особенно в начале его деятельности*, как велико было непонимание последних произведений *Бетховена*, как была встречена опера *Глинки* "Руслан и Людмила", как менялось в русском обществе отношение к *Пушкину* в течение XIX века. Принимая во внимание сложность таких предметов, легко понять, что разногласие в оценке их обусловлено *не относительностью* красоты, а тем, что в разные периоды времени *полнота* восприятия различна, многообразные изменения общественных интересов обусловливают изменение направлений внимания, а, следовательно, и *выборку* из предмета тех или других сторон его, наконец, общественная борьба и связанные с нею страсти побуждают часто к *смешению* эстетической оценки с оценками политическими, религиозными, сословными, классовыми и т.п.

---

* См. об этом Walzel "Gehalt und Gestalt".

Эстетические достоинства и недостатки многих предметов действительности и произведений искусства можно выражать в понятиях и таким образом содействовать устранению разногласий о них. Но самое высокое, именно красоту чувственно воплощенной индивидуальности выразить в понятиях и доказывать нельзя; можно только заражать своим примером и разными окольными путями подводить людей к предмету так, чтобы они проникли в эту глубину личности и восприняли ее красоту. В тех случаях, когда этого не удается достигнуть, является обманчивая видимость правоты релятивистов.

2. Физиологизм в эстетике

Физиологизм в эстетике есть учение, согласно которому красота предмета и положительные эстетические переживания от произведений искусства сводятся к тому, что предмет вызывает в созерцателе *физиологические* процессы, сопутствующиеся приятными *органическими ощущениями*. Так, согласно учению профессора Копенгагенского университета патолога Карла Георга Ланге, эстетическое наслаждение обусловливается состояниями вазомоторов, ведущими к сокращению или расширению кровеносных сосудов, следовательно, к изменениям в питании тканей тела и соответствующим органическим ощущениям*. К области эстетического физиологизма принадлежат также учения о том, что, например, красота кривой линии обусловлена мускульным удовольствием при движении глаза, прослеживающего ее, учения о чисто физиологической природе ритма и т.п.

Физиологические теории красоты явно несостоятельны. Они не только не выясняют того *объективного* совершенства, которое имеется в предмете, вызывающем в нашем теле положительные реакции, но даже и не учитывают своеобразия *субъективных* чувств, вызываемых в наблюдателе красотою: это явным образом глубокие *духовные чувства*, а не периферические *чувственные чувства***.

Физиологические процессы составляют значительный фактор красоты, но не как наша реакция на внешний предмет, будто бы дающая ему впервые характер красоты, а как

---

* C.G. Lange, Sinnesgenusse und Kunstgenuss, 1903.

** См. о различии периферических и глубинных чувств мою книгу "Основы этики", гл. VIII, 2.

важная сторона самой *жизни* человека, животных и растений. Физиологические процессы суть необходимая слагаемая полноты биологической жизни и, следовательно, красоты ее; эта красота наблюдается субъектом путем самовосприятия своих органических ощущений, а другими людьми путем восприятия его движений, походки, жестов, мимики, цвета лица и всего тела, волос, голоса, температуры тела и т.п.

3. Психологизм в эстетике

Если возможны попытки свести красоту к физиологическим реакциям субъекта, воспринимающего предмет, то тем более понятны и весьма распространены попытки понять красоту, исходя единственно из состава и строения *психических* процессов. Эстетический психологизм бывает двух типов — *субъективистический* и *объективистический*.

Субъективистический психологизм в эстетике есть учение, согласно которому ценность красоты не принадлежит предмету самому, а возникает как следствие приводимых им в движение душевных процессов и способностей созерцающего предмет субъекта. Такова, например, эстетика Канта, изложенная им в "Критике способности суждения".

Эстетическое удовольствие есть, согласно Канту, "наслаждение гармониею познавательных способностей", именно "свободною игрою воображения и рассудка". "Красота без отношения к чувству субъекта сама по себе — ничто", говорит Кант (§ 9). "Суждение вкуса — вполне независимо от понятия совершенства". Совершенство есть *внутренняя объективная* целесообразность предмета, тогда как "формальная сторона в представлении вещи, т.е. согласование многообразия в единство (без определения, чем оно должно быть) сама по себе вовсе не дает знания об объективной целесообразности: в самом деле, от этого единого, как цели (чем вещь должна быть), совершается абстракция и потому в душе созерцающего остается только субъективная целесообразность представлений, которая, конечно, означает известную целесообразность состояния представления в субъекте и удобство для него включения данной формы в способность воображения, но не обозначает совершенства объекта, которое не мыслится здесь посредством понятия цели". В этом глубокое отличие понятия красоты от понятия нравственного добра: эстетическое суждение, говорит Кант, "относит представление, посредством которого дан объект, исключительно к субъекту и не имеет в виду никакого свойства предмета, кроме только целесообразной формы определения сил представления, занятых им". "Определяющее основание" эстетического суждения есть "согласованность в игре душевных сил" (15). Эстетическое суждение "основывается единственно на ощущении взаимно оживляющих друг друга способности воображения в ее *свободе* и рассудка с его законосообразностью, следовательно, на чувстве, которое заставляет судить о предмете с точки зрения целесообразности представления (посредством которого дан предмет), состоящей в содействии свободной игре познавательных способностей" (35).

Гносеология Канта роковым образом заставляет его субъективировать и психологизировать все основные принципы мировоззрения, когда он задается целью дать *научное* знание о них. Однако интересы Канта сложны, ему душно в клетке, которую он сам себе построил в "Критике чистого разума", и потому он делает попытки хотя бы просунуть палец сквозь ее решетки. Разум, говорит Кант, интересуется тем, что идеи имеют "объективную реальность, т.е. тем, что природа содержит в себе по крайней мере след или дает намек на то, что она содержит в себе какое-то основание, чтобы допускать законосообразное согласие ее произведений с нашим независимым от всякого интереса" (т.е. от эгоистической заинтересованности) "удовольствием; поэтому разум должен интересоваться всяким проявлением подобного этому согласия в природе". Существует "аналогия между чистым суждением вкуса, которое, не завися от какого бы то ни было интереса, заставляет чувствовать удовольствие и представляет его вместе с тем a priori, как приличное человечеству вообще, и нравственным суждением, которое делает то же самое на основании понятий" (42). Черты прекрасного, аналогичные нравственному, таковы: 1) прекрасное нравится непосредственно; 2) оно нравится независимо от какого бы то ни было интереса; 3) в прекрасном проявляется *свобода* силы воображения, согласная с законосообразностью рассудка; в нравственном проявляется свобода воли как согласие ее с собой; 4) прекрасное и нравственное имеют характер всеобщности. Вследствие этой аналогии можно сказать, что "прекрасное есть символ нравственно доброго". И эпитеты прекрасного обыкновенно берутся из области нравственного: о здании мы говорим, что оно "величественное", цветы мы называем "скромными", "нежными" (59). "Кто непосредственно интересуется красотою природы, в том можно предполагать задатки доброго нравственного строения духа" (42).

Приведенные соображения Канта, довольно искусственно сближающие субъективную целесообразность игры познавательных способностей с объективною целесообразностью, ясно показывают, что если бы его теория знания давала ему право разрабатывать метафизику, он пришел бы к более глубокому учению о красоте.

Объективистический психологизм находит красоту в самом созерцаемом предмете, но весь состав предмета считает сложенным из *психических* процессов. Таково, например, учение Т. Липпса или подробно рассмотренное выше учение Фолькельта. Напомню сделанные уже выше указания, почему объективистический психологизм Фолькельта и других представителей этого направления неприемлем.

Красота есть там, где существует *чувственное воплощение* какой-либо из положительных духовных или душевных ценностей бытия. Вся чувственная сторона предмета, цвета, звуки, тепло, холод и т.п., одним словом все, что имеет не только временную, но еще и *пространственную* форму, есть не душевное, и не духовное, а *телесное* бытие; к области душевных и духовных процессов принадлежат события, имеющие только временную форму, не имеющие формы пространственной — чувства, стремления, интенциональные акты внимания, различения, суждения, умозаключения и т.п. Согласно интуитивизму, воспринимая предмет, мы созерцаем его в подлиннике; следовательно, если чувственная сторона предмета есть его *внешнее, телесное* бытие, то вот уже, грубо говоря, *половина* эстетически оцениваемого состава предмета *не есть психический процесс*. Но этого мало, и во внутреннем составе предмета невременные духовные основы его, субстанциальность и все идеальные принципы мировой формы, обусловливающие разумность мира, не суть психическое и не подлежат ведению психологии. Об этом была речь, например, когда было развито учение о красоте математических линий, фигур, вообще математических форм.

Итак, объективистический психологизм слишком упрощает состав мира и ошибочно подводит многие содержания мира под понятие психического бытия; поэтому многие стороны его учения о красоте несостоятельны.

4. Эстетический формализм в учении об искусстве

Красота есть ценность, присущая конкретному духовному или душевному, имеющему положительный смысл бытию, чувственно воплощенному. Выше было в достаточной мере разъяснено, что красота, хотя бы и в ущербленном виде, все же разлита везде в мире. Всякая жизнь, всякое человеческое лицо, всякая обстановка, в которой живет человек, даже и в ее нищете и неприглядности, в глубине своей таит положительный смысл и потому имеет в себе аспект красоты. Но увидеть эту красоту в реальной жизни часто оказывается делом очень трудным. Тут нам приходит на помощь искусство, как идеалистическое, так и реалистическое: найдя или сотворив осмысленное содержание, художник подыскивает и творит для него такую форму, которая особенно благоприятна для эстетического восприятия изображенного им предмета. Содержание изображения есть нечто основное; необходимость его сама собою разумеется, но, с другой стороны, как все основное, оно в своем глубинном значении поддается исследованию с великим трудом и лишь на основе подлинной философии при непременном участии метафизики. Поэтому исследователь, дорожащий тем, что в наше время называется "научностью", и при этом исходящий, обыкновенно, из ложной теории знания, отрицающей возможность метафизики, стоит перед глубинным *содержанием* беспомощно. Наоборот, мастерство художника, форма изображения, не "что", а "как" его творчества, будучи сравнительно поверхностною стороною искусства и принадлежа к области осязательно фактического, сравнительно легко поддается научному исследованию. Отсюда понятно возникновение эстетического формализма в учении об искусстве.

Формализм пышно расцвел в Советской России в 1917-1927 гг., особенно в отношении к поэзии. Для крайних формалистов в литературоведении предметом эстетического исследования служат только "приемы" оформления словесного ряда, придающие ему "эстетическую суггестивность", говорит Б.М. Энгельгардт в своей книге "Формальный метод в истории литературы" (<Л.>, 1927). Я передам вкратце учения формалистов на основании изложения их в книге Энгельгардта.

Язык можно считать особою формою объективации мысли на известной стадии ее развития; возможна и другая теория сущности языка, именно учение о языке как средстве общения. Формальная школа, говорит Энгельгардт, строит свои учения, исходя из "коммуникативной точки зрения на язык" (59), т.е. из его речевой функции. Эта точка зрения дает возможность четко разграничивать *содержание* сообщения и *средства выражения* его. С точки зрения *практической* коммуникации, содержание составляет телеологический центр; а в эстетически значимой коммуникации, по учению формалистов, телеологическая доминанта принадлежит системе средств выражения (87). Содержание художественного произведения формалисты обозначают термином "материал", а эстетически значимые средства выражения термином "прием". Согласно эстетическому формализму, материал, т.е. содержание поэтического произведения играет второстепенную роль: материал "эстетически безразличен", "содержание сообщения, его единоцелостный смысл не входит непосредственно в вещно-определенную словесную структуру" (81), которой только и принадлежит эстетическая значимость. Для целей *практической* коммуникации нужен "минимум ощущаемости средств выражения"; наоборот, *эстетически значимая* коммуникация требует "максимальной ощутимости средств выражения" (88). "Приемы", посредством которых достигается эстетическая значимость речи, весьма разнообразны: сюда относится, например, "затрудненная форма". Привычные восприятия, говорит В. Шкловский, один из самых ярких представителей формализма, становятся автоматичными, они служат только для узнавания*. В поэзии, наоборот, восприниматательный процесс есть *самоцель*; он "должен быть продлен; одним из приемов для достижения этой цели служит "речь заторможенная", затрудненная (13). К числу этих приемов принадлежит также "остранение" (8).

В художественном произведении, излагает учение формалистов Б.М. Энгельгардт, искусственное оформление имеет целью сделать восприятие "самозначимым"; так как *содержание* эстетически безразлично, то художник подвергает его эстетической *нейтрализации*, он старается нейтрализовать "инозначимое" и, наоборот, *поднять апперцептивность средств выражения* (50-52). Благодаря таким "приемам" слово становится "самоценным", т.е. эстетически значимым. Крайняя ступень самоценности слова достигается в поэзии, создающей "заумный язык", "самовитое

---

* В. Шкловский. "Искусство как прием" в "Сборниках по теории поэтического языка", II, <Пг.> 1917, стр. 12.

слово", т.е. в поэзии, совсем отбрасывающей содержание. В поэзии, пользующейся "заумным языком", на первом месте стоит фонетическая сторона: ритм, метр, эвфоника, мелодика (66-72).

В заключительной части своей книги Б.М. Энгельгардт дает существенные основания для критики, имеющей целью опровергнуть эстетический формализм. Энгельгардт ставит вопрос, что составляет предмет исторического исследования литературы с точки зрения формализма. Возможны, говорит он, три плана исследования: 1) отношение художественного произведения к автору; 2) отношение к читателю; 3) отношение к предшествующим литературным фактам, т.е. история развития и смены литературных форм. Первый путь исследования не подходит для целей эстетического формализма, рассматривающего художественное произведение "как словесное образование с установкой на выражение". Энгельгардт поясняет это путем сравнения с решением арифметической задачи о стоимости покупок, произведенных каким-либо лицом в течение дня: если ученик решает арифметическую задачу, для него безразличны купленные предметы; наоборот, если подсчет производится в конце дня хозяйкой, для нее существенное значение имеет вопрос, на что были употреблены деньги. И для поэта, говорит Энгельгардт, творимое им художественное произведение есть не задача из задачника, а "личный счет", "оформление объективирующегося в слове внутреннего и внешнего опыта" (93-94). Иными словами, для поэта содержание творимого им стоит на первом плане и "приемы" оформления суть для него только средство внушительно подать содержание. "И для читателя", говорит Энгельгардт, "поэтическое произведение нечто гораздо большее, нежели словесный ряд с установкою на выражение"; эстетически значимые "смыслы" имеют несравненно большую ценность, нежели самозначимость максимально ощутимой системы средств словесного выражения" (94). Итак, формальный метод идет третьим путем: он изолирует художественное произведение от его творца и от читателя; он рассматривает произведение "как совершенно независимую в своем бытии вещь". Таким образом, эстетический формализм ведет к "освобождению от субъективизма", он рассматривает произведение "вне соотнесенности к культурному сознанию"; это — "научный объективизм" (95). Подводя итоги своему исследованию, Энгельгардт перечисляет характерные черты формализма: 1) отказ от анализа содержания сознания; 2) лингвистический план исследования; 3) изучение фактов эстетического опыта (106); 4) исследование не литературного произведения, как целого, а эволюции *элементов* его, именно эволюции "приемов" (108). Отсюда он приходит к выводу, что эстетический формализм есть не формальный метод в *истории* литературы, а *формальная поэтика* (112). Этот метод есть "отвлеченная односторонняя схема" (110).

В высшей степени ценно указание Энгельгардта на то, что и для творца художественного произведения, и для читателя содержание важнее, чем "приемы". Формалистический подход к произведению есть действительно "отвлеченная, односторонняя схема", отрыв произведения от жизни; в таком отвлечении поэзия существует только... для "формалиста" и для людей, подпавших тому извращению, которое мы рассматривали выше как эстетическое гурманство. Стоит только отдать себе отчет в этом, и тотчас становится сомнительным основной тезис формализма, согласно которому эстетическая значимость художественного произведения заключается в его форме, а содержание его эстетически безразлично. Это значило бы, что красота есть ценность, присущая не самой жизни, а лишь внешним способам ее обнаружения; в таком случае она была бы ценностью второстепенной, и красота художественных произведений упала бы на степень лишь средства забавы. Такое учение о красоте следует решительно отвергать. Даже и в области искусства, говоря о красоте, нельзя отрывать форму от содержания. Отстаивая этот тезис, коснемся вопроса о понятии формы и содержания.

Занимаясь проблемами эстетики, очень трудно дать точное определение понятий "форма" и "содержание". У различных представителей эстетики оно весьма различно. Фолькельт четко разграничивает эти понятия: к области содержания он относит все духовное и душевное в предмете, а к области формы — все чувственно наглядное (1, 317 с.). Такое разграничение очень удобно вследствие его ясности, но оно имеет искусственный характер: если уж пользоваться понятием формы и содержания, то нельзя не признать, что в самом составе духовной и душевной жизни тоже есть не только содержание, но и форма. Я предлагаю для целей общей эстетики ввести понятие *формы бытия*, а для целей эстетики искусства прибавить еще понятие *формы изображения бытия*. Под словом "форма бытия" я разумею *внешние отношения* между элементами бытия, т.е. такие отношения, в понятие которых не входит какое-либо воздействие одного бытия на другое. Так, к числу внешних отношений принадлежит пространственный порядок, временной порядок, количество, интенсивность и т.п. Внутренние отношения, т.е. те, в самое понятие которых входит воздействие одного бытия на другое, например, быть отцом или матерью, быть сыном или дочерью, быть судьей или подсудимым, принадлежат уже к составу содержания бытия.

На своем определении формы и содержания бытия я не настаиваю. Думаю, что при любом определении критика эстетического формализма останется по существу тою же самою. В самом деле, форма бытия всегда неразрывно связана с содержанием. Даже внешние отношения, порядок бытия в пространстве или времени, хотя в их понятие и не входит воздействие одного бытия на другое, в действительности всегда являются следствием различных воздействий или условием для них. Поэтому изменение их всегда есть вместе с тем и изменение содержания бытия.

Ввиду глубокого единства формы бытия и содержания его становится совершенно непонятным, каким образом красота или безобразие, связанные всегда с существенными чертами бытия, принадлежат только форме его. Так, например, целесообразность, гармоничность, органическая цельность суть несомненно свойства бытия, имеющие ценность красоты, а противоположные им черты бытия имеют отрицательную эстетическую ценность, т.е. безобразны. Возьмем, как пример такой красоты, целесообразность, гармоничность, органическую цельность, мужественную непоколебимость благородного поведения митрополита Филиппа, когда он обличал жестокую и бессмысленную кровожадность Иоанна Грозного. С другой стороны, возьмем, как пример эстетического безобразия, убийство Иоанном Грозным своего сына — безумную жестокость, нецелесообразность, противоречивость, хаотичность и слабость, проявленные Иоанном Грозным в этом поступке. Если принять определение формы, данное Фолькельтом, то утверждение, будто эстетическую ценность имеет только чувственно наглядная целесообразность, гармоничность, органическая цельность и сила, а соответствующая им духовная и душевная целесообразность, гармоничность, органическая цельность и сила эстетически безразличны, может быть высказано, однако сразу видно, что оно произвольно: перед нами две стороны бытия, составляющие как бы один и тот же текст, выраженный на двух языках, и непонятно, почему одинаковые черты этого текста являются носителями эстетической ценности на одном языке и эстетически безразличны на другом. Это ложное утверждение может казаться правильным только потому, что лицо, приписывающее эстетическую ценность чувственно наглядной целесообразности, гармоничности, органической цельности и силе, на самом деле имеет в виду эти черты бытия не в чистом отвлечении, обессмысливающем их, а в пронизанности их духовным и душевным содержанием, т.е. в той полноте конкретного бытия, которая единственно и есть нечто эстетически ценное. Фолькельт отлично понимает это и потому является противником формализма. Если принять определение формы, данное мною, именно относить к области формы только внешние отношения, то эстетический формализм окажется даже и вовсе невозможным: одни внешние отношения, взятые в начисто осуществленном отвлечении, настолько лишены целесообразности, гармоничности, органической цельности, силы и т.п., что говорить в применении к ним об эстетике вообще невозможно.

Какое бы определение формы и содержания бытия ни было дано, всегда взаимопроникновение формы бытия и его содержания окажется столь глубоким, а эстетически ценное столь существенным, что только *целое, состоящее из содержания бытия и его формы*, может быть красивым или безобразным. Таким образом, эстетический формализм в общей системе эстетики должен быть отвергнут.

Учение, согласно которому красота и безобразие есть всегда ценность, надстроенная (фундированная) над другими положительными ценностями бытия, может вызвать подозрение, что в нем произведено смешение красоты с нравственным добром, разумностью, целесообразностью и т.п. ценностями, вследствие чего я отвергаю эстетический формализм. На это я отвечу, что такое смешение и подмена красоты другими ценностями часто встречается, но в моем учении этой ошибки нет: во всей книге на каждом шагу подчеркнуто, что положительные стороны бытия, нравственное добро, разумность, целесообразность и т.д., приобретают в дополнение к этим ценностям еще и ценность красоты не иначе, как поскольку они чувственно воплощены; впервые в этой конкретной целости осуществляется красота или безобразие. Нравственное добро, например, сознается мною как добро и доставляет специфическое нравственное удовлетворение даже и тогда, когда я имею его в виду *в отвлечении от чувственного воплощения*; но впервые в связи со своим чувственным воплощением нравственно доброе или злое проявление жизни осложняется в дополнение к нравственному удовлетворению или отвращению еще новою особою ценностью и новым своеобразным удовлетворением наблюдателя, именно эстетическим наслаждением или отвращением. Руководясь этим признаком, можно научиться подмечать в себе и других людях случаи смешения ценностей.

Эстетический формализм в учении о живой действительности есть учение ошибочное: красота и безобразие принадлежат всегда конкретному целому бытия, его форме, взятой вместе с содержанием. Если сущность красоты такова, то и в учении об искусстве эстетический формализм неприемлем. Но так как в искусстве форма имеет особенно заметное значение, то остановимся еще на этом вопросе. Когда у художника есть увлекающая его тема, какая-либо великая проблема мирового смысла, волнующая его до глубины души, впервые оформление ее превращает ее в художественное произведение. Искание и творение формы занимает много места во всех видах искусства. Из этого, однако, не следует, будто формализм в учении об искусстве прав. Как в живой действительности, так и в творимой фантазиею красота принадлежит единому целому, состоящему из формы и содержания. Исследование Гроссмана "Творчество Достоевского" показывает, как много учился Достоевский у прошлой литературы, вырабатывая пряность своего изображения жизни и умение приковывать внимание читателя к своим произведениям. Однако попробуем отвлечь у него форму от содержания, и тотчас испарится высокая красота, содержащаяся, например, в главах "Идиота", где речь идет о Настасье Филипповне или Аглае в их отношениях к князю Мышкину, или в главах "Братьев Карамазовых" везде, где рассказывается об Алеше Карамазове, или о Дмитрии Федоровиче с Екатериною Ивановною или Грушенькою.

На картине Дюрера "Св. Иероним" изображена большая комната со сложною обстановкою немецкого уюта; на переднем плане лежит лев и собачка; св. Иероним погружен в писание книги, вокруг его головы — сияние. Вельфлин в книге о Дюрере говорит, что эта картина его "наиболее совершенная в смысле художественного воплощения: здесь уже тайна производимого впечатления не в самом образе св. Иеронима, не в центральной фигуре, а в передаче пространства и игре света". На деле величие картины Дюрера получается не из одной игры света и передачи пространства, а из подчинения всех этих внешностей и деталей великому содержанию — гармонии духа святого: духовно-телесный свет, исходящий от него, все умиротворяет, даже льва, и все делает святым.

Формалист, отодвигая содержание на второй план, может сказать, что особенно часто портреты служат подтверждением его теории: свет и тени, контрасты, ткани, изображенные на портрете, складки их придают высокую красоту портрету, а лицо, изображенное на портрете, осталось бы тем же лицом и без этих красот. Это возражение не убедительно. В портретах, созданных великими художниками Веласкесом, Рубенсом, Рембрандтом, Серовым, через посредство упомянутых деталей уловлена жизнь бо́льшая, чем жизнь данного лица; всякая такая картина есть нечто бо́льшее, чем портрет, да и содержание самой портретной стороны, т.е. раскрытие индивидуальности лица, тоже совершенствуется в связи с формою портрета.

Те стороны формы художественного произведения, которые применяются, чтобы облегчить нам "незаинтересованность", например, отвлечь внимание от крайней ужасности события, или, наоборот, имеют целью подстрекнуть внимание к событию, очень важны, но именно как средство сделать содержание доступным нашему эстетическому восприятию. Говорили о Сурикове: случайно удалось ему подметить "отражение горящей свечи днем на белой рубахе — и появилось "Утро стрелецкой казни", достаточно было заметить ворону на снегу с отставленным крылом и "Боярыня Морозова" в замысле была уже рождена", пишет Евдокимов в своей монографии "Суриков" (стр. 50). Сам Суриков рассказывал М. Волошину: "А то раз ворону на снегу увидел. Сидит ворона на снегу и крыло одно отставила, черным пятном на снегу сидит. Так вот этого пятна я много лет забыть не мог. Потом "Боярыню Морозову" написал. Да и казнь стрельцов точно так же пошла: раз свечу зажженную днем на белой рубахе увидел с рефлексами" (95-96). Если дополнить этот рассказ Сурикова другими его заявлениями, окажется, что творение произведений его было длительным, сложным и глубинным процессом. Суриков говорил, что задумал стрельцов, "еще когда в Петербург из Сибири ехал" (ему было тогда двадцать лет); "торжественность последних минут мне хотелось передать, а совсем не казнь" (55-56). Евдокимов подробно рассказывает, как Суриков искал в действительной жизни фигуры и лица, подходящие для сущности его картин, например, лицо стрельца, на белой рубахе которого отражается свет зажжённой свечи. "Я каждого лица хотел смысл постичь", говорит он (93). Вся природа Сурикова была пропитана любовью к мощи русского народа, особенно казаков; он увлекался удалью, железною волею, свободолюбием русского человека и жадно впитывал в себя соответствующую сочную полнокровную жизнь. Стоит ему увидеть что-либо живописное, отражение света на рубахе, контраст вороны и снега, и это впечатление врежется в его память навсегда. Оно само в себе уже есть красивая жизнь, имеющая и форму и содержание, а потому годная для картины, которая была бы хороша, но не имела бы в себе *значительной* красоты. Суриков хранит в своей памяти такое впечатление, пока оно не послужит деталью для воплощения любимого значительного содержания, особенно того содержания, в котором проявляется мощь русского народа как в строительстве и защите государства (Пётр Великий, покорение Сибири, переход Суворова через Альпы), так и в борьбе с ним — в отставании свободы духовной жизни (боярыня Морозова), в перенесении драматических положений (стрельцы перед казнью, Меньшиков).

В конце XIX в. передвижники с их проповедью общественного служения, гражданских мотивов стали изживать себя, интерес к ним ослабел; объясняется это многими сложными условиями того времени; среди них, если взять чисто художественную сторону творчества передвижников, главное значение имеет не то, что в их картинах ярко выдвигалось содержание, а то, что оно было тенденциозным и односторонним. Художники, группировавшиеся вокруг журнала "Мир искусства", Александр Бенуа, Серов и др., в противоположность передвижникам выдвинули на первый план богатство красок, живописность линий, гармонию композиции. Все это не только форма, а и содержание мира, более разностороннее и богатое, чем только искание социальной справедливости. На субботниках у Симоновичей, рассказывает С. Эрнст в своей монографии, "В.А. Серов" <Петербург, 1921>, при ближайшем участии Серова и Врубеля уже провозглашали лозунг "не что, а как"... Без сомнения, "как" очень важно в искусстве, однако самое превосходное "как" при ничтожном содержании дает только прелестные безделушки. Первоклассные творения, незабываемые по своей красоте, появляются лишь там, где мастерство изображения применяется для обработки грандиозного содержания; таков, например, у Серова "Петр Великий", тогда как его же

Эстетический формализм в учении об искусстве

"Стог сена" очень хорош, но все же не вершина его творчества.

Легче всего защищать формализм в учении о поэзии, потому что бытие и слово, как форма изображения, сравнительно легко отделимы. В поэзии есть такие формы изображения, которые можно варьировать, не меняя содержания бытия. Таковы, например, рассказ намеками с целью пробудить в читателе любопытство, заинтересовать его, вызвать напряженное ожидание; постановка рядом контрастирующих содержаний, как форма рассказа, но не форма бытия; такая же внезапность переходов в рассказе и т.п. Но совершенно очевидно, что совокупность таких форм изображения не составляет художественного целого, которое могло бы быть носителем красоты. Впервые в связи с такими формами, как, например, мелодия стиха, образность слов и т.п., возникает красота, но эти формы неразрывно связаны с определенным содержанием. Недаром Энгельгардт говорит, что в проблеме "образности" — "ахиллесова пята" формального метода (76).

К каким следствиям ведет эстетический формализм, можно показать на примере проявлений его в русской науке. Образцом может послужить статья Б. Эйхенбаума "Как сделана

Шинель Гоголя" в сборнике его статей "Сквозь литературу"*. Вообще, говорит Эйхенбаум, текст Гоголя есть *сказ*, мимический и артикуляционный (174 с.). Основной слой "Шинели" комический сказ, а второстепенный слой — патетическая декламация, например, там, где Акакий Акакиевич говорит: "Оставьте меня! Зачем вы меня обижаете!" и молодой чиновник в дальнейшей жизни вспоминает эту сцену, испытывая глубокое душевное потрясение. "Этому гуманному месту", пренебрежительно говорит Эйхенбаум, "повезло в русской критике". Общепринятое гуманистическое толкование "Шинели" он считает наивным и говорит, что здесь вовсе не вмешательство "души", а — превращение Гоголем "комической новеллы" в "гротеск" (158). Художественное произведение, продолжает Эйхенбаум, "есть всегда нечто сделанное, оформленное, придуманное", — "в нем нет и не может быть места отражению душевной эмпирики" (189).

В действительности творчество Гоголя, как и всех великих художников, было гениальным выражением его искания и видения мирового смысла. Драма его жизни заключалась в том, что он посвятил себя борьбе с дьявольски-

---

* Статья впервые напечатана в 1918 г., сборник в 1924 г.

ми силами, разрушающими жизнь человека, и изнемог в этой борьбе. В фантастически грандиозном виде он изображал сатанинские опустошения и искажения души*. Само собою разумеется, придя к *абстрактному замыслу* изобразить печальную "серость" жизни маленького забитого человека, Гоголь, будучи художником, а не ученым, пишущим социально-психологический трактат, творит своею фантазиею *конкретный* уголок жизни и для своей цели должен сосредоточить сугубое внимание на форме, чтобы получилось *выразительное* целое; в "Шинели" это такое целое, в котором *комизм* мелкой жизни вдруг обертывается *драмою*, потрясающею читателя. Но вся эта форма рассчитана на то, чтобы внедрить в душу читателя содержание, дорогое художнику. Нельзя отрицать, что форма имеет громадное значение; в этом своем утверждении формализм прав. Однако существенная форма художественного произведения неразрывно связана с содержанием и *служит* ему: она содействует раскрытию мирового смысла и красоты мира, присущей целому, состоящему из содержания и

---

* См. об этом статью Мережковского "Гоголь. Творчество, жизнь и религия", <М., 1914>. собр. соч., т. X, и исследование Мочульского в его книге о духовном пути Гоголя.

формы. Как раз "Шинель", заключающая в себе высший вид комического, именно сочетание его с драматизмом, есть наглядный образец неразрывной целости формы и содержания как носительницы эстетической ценности. Отодвигая в сторону содержание, как будто бы эстетически безразличное, формалист превращает истину ценности формы в вопиющую ложь.

Бывают случаи, когда художник увлекается искусною, завлекательною, остроумною формою ради нее самой. Это явление возникает тогда, когда художнику *нечего сказать* по существу, когда у него *душа пуста*. Такой художник не имеет цены и не будет жить в веках; это — гурман, эстет в дурном смысле этого слова, и творчество его может вполне удовлетворять только таких же гурманов, опустошенных людей, как он сам.

Правы те русские критики, которые говорят, что эстетический формализм низводит литературу на уровень "безыдейной игры". Культ приема превращает искусство в средство забавы. Боюсь, не под влиянием ли теорий формалистов произошел в творчестве выдающегося художника Андрея Белого тот упадок, который обнаружился в конце его жизни в романе "Маски". В романе "Петербург", стоящем почти на уровне творений Достоевского, А. Белый использует свой гений словотворчества для целостного и точного воплощения тончайших оттенков бытия людей, вещей, города Петербурга и жизни России. А в "Масках" своеобразное выражение мимолетных событий звуками и строением слова становится у него самоцелью, и роман распадается на множество кусочков, утрачивая цельность.

Мысль В. Виноградова, что "форма создает себе содержание", могла придти в голову только человеку, не способному к художественному творчеству и не вживавшемуся в него. Для положительной эстетической ценности необходимо единство формы, а оно рождается из органического единства содержания.

5. О противниках нормативности эстетики

Всякая наука о ценностях нормативна — и логика, и этика, и эстетика. Отталкивание некоторых мыслителей от нормативизма есть плод недоразумения. И. Тэн в своей философии искусства говорит, что его эстетика имеет исторический, а не догматический характер: она "не предписывает правил, а только выясняет законы"; "старая эстетика", пишет он, "давала прежде всего определение прекрасного и говорила, например, что прекрасное есть выражение нравственного идеала" или "выражение невидимого", а эстетика, излагаемая самим Тэном, сочувствует всем школам*. На деле, конечно, всякая обстоятельно разработанная эстетика, например гегельянская, исходит из фактов и открывает законы, но так как эти факты и законы имеют отношение к ценностям, то отсюда сами собою вытекают нормы и оценки. И в философии искусства Тэна легко вывести из основ ее нормы, которые сам Тэн применяет, например, излагая периоды упадка голландского искусства или говоря, что то произведение выше, в котором раскрывается "более высокий благотворный характер" (173).

Боязнь нормативизма оправдана лишь в том случае, когда он неправомерно стесняет творчество, как, например, норма трех единств, единства действия, времени и места, в драматургии. Но если правда, например, что изображение зла, не доведенное до той глубины, при которой созерцается его внутреннее ничтожество или преодолимость, есть эстетически несовершенное произведение, то эта нор-

* Русский перевод: "Чтения об искусстве". <М.,> 1874, стр. 8.

ма правомерна и может повредить она лишь слабому художнику, который, руководясь ею, постарается, например, притянуть за волосы наказание злодею. Виновата в этой подделке жизни не норма, а художник, не обладающий глубинным видением бытия; "заставь дурака Богу молиться, он и лоб расшибет".

Надежною основою для правомерного нормативизма во всех областях может служить философия, свободная от односторонностей. Таково христианское миропонимание, потому что христианство открывает глаза и на высочайшие ступени совершенства, и на крайние степени упадка, и на преодолимость зла добром.

Примечания

с. 17 *Глокнер* Герман (1896-1979) — немецкий философ, систематизатор эстетики.

с. 28 *...потенциальною (возможною) личностью.* — Учение об эволюции субстанциальных деятелей занимает важное место в философской системе Лосского. Он отделяет свое учение от индуистского и буддистского понимания метемпсихоза и стремится найти точки соприкосновения с христианской догматикой и философскими рассуждениями Г.В. Лейбница (1646-1716), взгляды которого оказали существенное влияние на метафизические построения Лосского. В произведениях Лосского часто упоминается рассказ одного из знакомых Лейбница, вспоминавшего, что "однажды Лейбниц в компании пил кофе и сказал, что в проглоченном кофе, может быть, есть несколько монад, которые со временем станут людьми" (цит. по: Лосский Н.О. Учение о перевоплощении. Интуитивизм. М., 1992, с. 122).

с. 35 *...в моей системе "Логики"* — См.: Лосский Н.О. Логика. В 2-х томах. Берлин, 1923.

с. 37 Второе издание книги "Бог и мировое зло. Основы теодицеи", в котором восстановлена часть текста, вычеркнутая ранее нацистской цензурой, см.: Лосский Н.О. Бог и мировое зло. М., 1994. В это издание вошли также произведения Лосского "Достоевский и его христианское миропонимание" и "Ценность и бытие. Бог и Царство Божие как основа ценностей".

Примечания

с. 58 *...так как философия Плотина есть синтез систем Платона и Аристотеля ∞ идеал красоты.* Далее в рукописи следует зачеркнутый текст: "Все развитие христианской мысли вплоть до нашего времени пронизано влиянием не столько Платона и Аристотеля как таковых, сколько тою переработкою их идей, которая содержится в новоплатонизме. До сих пор это грандиозное влияние Плотина на всю последующую историю философской мысли не оценено и не изучено в достаточной мере, потому что имя Плотина обыкновенно замалчивалось в христианской литературе. Произошло это, вероятно, потому что многие ученики Плотина были противниками христианства". Лосский придавал большое значение философии Плотина, а свою метафизику оценивал как "синтез персонализма Лейбница с идеал-реализмом Плотина" (цит. по: Goerdt W. Russische Philosophie: Zugänge und Durchblicke. Munchen, 1984, S. 606).

с. 60 *...как говорит об этом от. П. Флоренский.* Флоренский Павел Александрович (1882-1937) — русский религиозный философ, ученый, естествоиспытатель. Был лично знаком с Лосским, и есть основания полагать, что книга Флоренского "Столп и утверждение истины" оказала существенное влияние на формирование онтологии Лосского.

с. 70 Фолькельт Йоханнес (1848-1930) — немецкий психолог, философ, систематизатор эстетики.

Примечания

с. 79 *...под именем интуитивизма.* В гносеологии Лосского интуиция присуща всем видам познания и подразделяется соответственно на чувственную, интеллектуальную и мистическую. С помощью чувственной интуиции воспринимается реальное бытие, предметом интеллектуальной интуиции является бытие идеальное, а мистическая интуиция обращена к металогическому бытию. В своих последних работах, не без влияния М. Шелера, Лосский также использует термин "аксиологическая интуиция", смысл которого – непосредственное усмотрение ценностей, ценностных аспектов бытия, в том числе и такой ценности, как красота.

с. 82 *Гартманн Эдуард (1842-1906)* – немецкий философ, представитель иррационалистически интерпретированного волюнтаризма. Вслед за А. Шопенгауэром трактовал сознание как орудие бессознательной мировой воли, лежащей в основе бытия.

с. 92 *В особенности этот упрек против феноменологического идеализма Гуссерля.* Лосский не только критиковал отвлеченный идеализм различных школ неокантианства, но и защищал точку зрения, согласно которой утверждение конкретных начал идеального и реального бытия есть существенная и своеобразная черта русской философской традиции. См. подробнее: Лосский Н.О. Идея конкретности в русской философии // Вопросы философии, 1991, № 3.

Примечания

с. 102 *...в книге И.А. Ильина "Философия Гегеля как конкретное учение о Боге и человеке".* — Ильин Иван Александрович (1882-1954) — русский религиозный философ, теоретик права, публицист. Точное название главного философского труда Ильина — "Философия Гегеля как учение о конкретности Бога и человека" (тт. 1-2. М., 1918).

с. 109 *...согласно И.В. Киреевскому...* — Киреевский Иван Васильевич (1806-1856) — русский религиозный философ славянофильского направления, один из основоположников традиции интуитивизма в русской философской мысли.

с. 116 Лапшин Иван Иванович (1870-1955) — русский философ, последователь неокантианства, автор ряда оригинальных работ по эстетике и художественному творчеству.

с. 117 *..."позади двух гигантских восковых свечей мрачно хмурилось на мир".* Видимо, Лосский дает собственный произвольный перевод цитат из книги Т. Драйзера.

с. 128 Бергсон Анри (1859-1941) — французский философ, представитель интуитивизма и философии жизни, лауреат Нобелевской премии (1927).

с. 128 Лопатин Лев Михайлович (1855-1920) — русский философ, персоналист. Лосский ссылается на курс лекций Лопатина, опубликованных под названием "Психология" (М., [1902]).

с. 129 *Гюйо* (Guyau) Жан Мари (1854-1888) — французский философ, теоретик искусства. Русский перевод книги "Les problèmes de l'esthétique contemporaine" см.: Гюйо Ж.М. Собр. соч. Т.3. Задачи современной эстетики. СПб, 1898.

с. 138 *Лютославский* Винсент (1863-1954) — польский философ, исследователь Платона. Решал ряд философских проблем в духе интуитивизма.

с. 139 *Липпс* Теодор (1851-1914) — немецкий философ, психолог.

с. 142 *Гейгер* Мориц (1880-1937) — немецкий философ, последователь феноменологического течения, теоретик эстетики.

с. 203 *élan vital* (франц.) — "жизненный порыв", термин философии Бергсона, означающий первоначальный импульс развертывающейся во времени творческой эволюции.

с. 204 *Мною это учение развивается...* — Лосский всегда признавал родство своей философской системы с русской религиозно-философской традицией, однако он активно отвергал пантеистические мотивы философии Всеединства и учение о нетварной Софии.

с. 226 *... не были еще превращены в сплошные поля пшеницы...* Имеется в виду период до XVIII века.

с. 245 *Клагес* Людвиг (1872-1956) — немецкий психолог, философ, создавший оригинальный вариант "философии жизни".

с. 246 *Братранек* Франц (1815-1884) — чешско-немецкий философ, исследователь немецкой литературы.

с. 249 *Рёскин* (Ruskin) Джон (1819-1900) — английский литератор, теоретик искусства, публицист.

с. 279 *Зеньковский* Василий Васильевич (1881-1962) — русский религиозный философ, историк русской философии.

с. 285 *Талантливый психиатр Н.Е. Осипов...* — Вместо слова "талантливый" в рукописи первоначально стояло "мой друг", зачеркнуто впоследствии автором. *Осипов* Николай Евграфович (1877-1934) — русский психиатр, психоаналитик, занимался психологической интерпретацией литературных произведений. Сочетал увлечение фрейдизмом с большим интересом к философской системе Лосского. Был другом семьи Лосских во время их проживания в Праге, о чем см. подробнее: Лосский Н.О. Воспоминания. Жизнь и философский путь // Вопросы философии, 1991, № 12.

с. 289 ..."*на небе, не на земле*"... — Согласно рассказу, содержащемуся в "Повести временных лет", послы князя Владимира, вернувшиеся в 987 г. из Константинополя, сообщали: "не свемы на небе ли есмы были ли на земле".

с. 292   *В монографии Евдокимова...* — Речь идет о книге: Евдокимов И.В. В.И. Суриков. М., 1933.

с. 300   *Вейдле* Владимир Васильевич (1895-1979) — русский литературный критик, историк, философствующий публицист.

с. 301   *Кобылинский* Лев Львович (1874-1947) — русский религиозный мыслитель, историк русской литературы. Писал под псевдонимом "Кобылинский-Эллис".

с. 303   *"Nouveaux Essais" Лейбница...* — См. рус. перевод: "Новые опыты о человеческом разумении автора системы предустановленной гармонии" // Лейбниц Г.В. Соч. в 4-х томах. Т.2. М., 1983.

с. 304   *...чтением брошюр Хомякова... Хомяков* Алексей Степанович (1804-1860) — русский религиозный философ, богослов, был вместе с И.В. Киреевским основоположником славянофильской традиции. Лосский имеет в виду брошюры "Церковь одна", "Несколько слов православного христианина о Западных вероисповеданиях", опубликованные в издании: "Собрание сочинений А.С. Хомякова". 3 изд. Т. II. М., 1900.

с. 306   После слов "Мысль ваша..." в подлиннике следует: "не застыла в состоянии неподвижности, — нет, она воспроизводит всю серию драматических звуков мирового движения. Но она...".

с. 366 *Исследование Гроссмана "Творчество Достоевского"...* — Видимо, речь идет о книге Л.П. Гроссмана "Поэтика Достоевского" (М., 1925).

П.Б. Шалимов

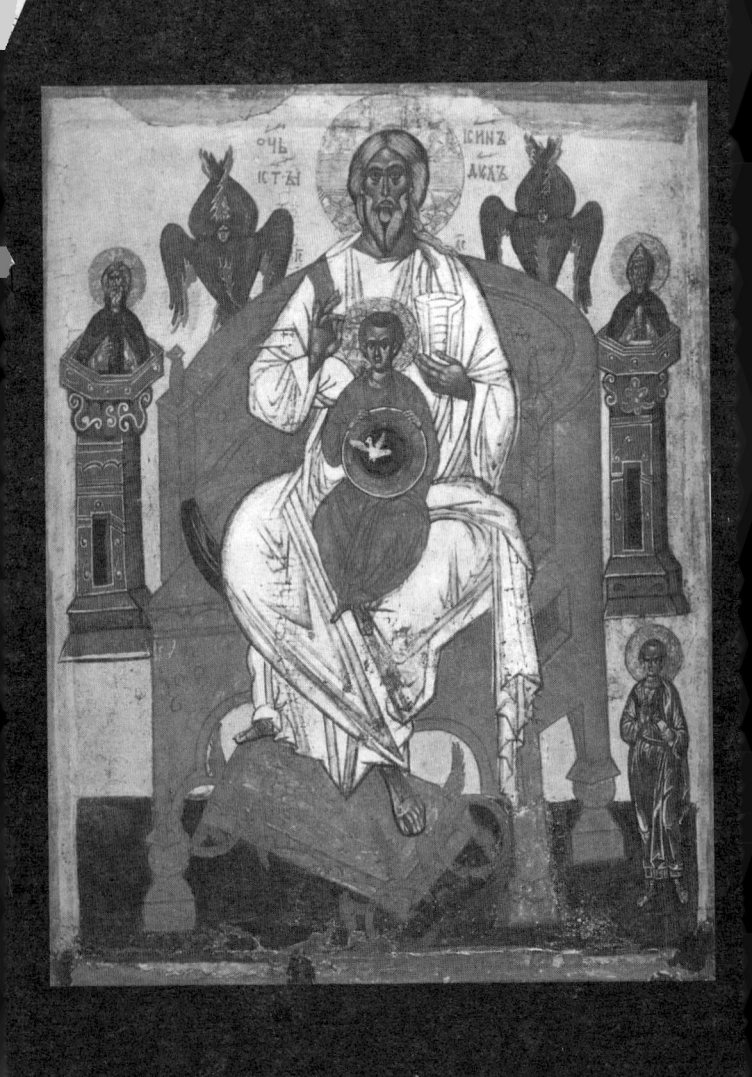

☰ Приложение

В приложении к книге "Мир как осуществление красоты" впервые публикуется развернутое письмо Бориса Николаевича Лосского отцу. Это письмо представляет собой подробный критический разбор рукописного варианта книги с позиций профессионального историка-искусствоведа.

Также воспроизводится ответ Н.О. Лосского на это письмо, опубликованный ранее в "Русском альманахе". В заключительной части приложения вниманию читателей предлагается одно из писем Н.О. Лосского А.Ф. Родичевой, из которого, в частности. можно узнать о стремлении Лосского опубликовать "Мир как осуществление красоты" в издательстве YMCA-PRESS. Издательство выражает признательность Бахметевскому архиву Колумбийского университета и лично Б.Н. Лосскому за предоставленные материалы.

Б.Н.Лосский — Н.О. Лосскому

Tours   *3 Jan 1950*

           Дорогой папа,

Сказав себе твердо, что последний вечер старого года и два первых дня нового не буду заниматься насущными делами музея, а вернусь в мир семейный в широком смысле этого слова, я раздобыл из шкафа твою рукопись Эстетики и прочел ее с таким чувством, будто провел с тобой в беседе много часов, как в тот январский день 1943-го года (или под Новый Год, в ту же зиму), когда Вы с мамой приезжали навестить меня в Kaisersteinbruch, за несколько дней до маминой болезни и несколько недель до ее смерти. Я сейчас даже спрашиваю себя, не маминой ли рукой напечатана рукопись, но решил, что нет, т.к. помню из разговоров о том, что тогда этот труд был только в периоде первой формации.

И вот, несмотря на эту родственную атмосферу, в которую меня погружает чтение рукописи, очень трудно высказать по ее поводу какое-либо суждение, п<отому> ч<то>, на поверку должен сознаться, что мы говорим и думаем на безнадежно чуждых друг другу языках. Кроме того, есть у меня еще и значительное затруднение не только в формулировке, но и в формации абстрактных понятий.

4 Jan 1950. Должен сказать прежде всего, что несмотря на оговорку стр. 55, что "защищаемая тобою красота не есть односторонний морализм", впечатление от труда остается, что он заключает в себе как бы отдел твоей предыдущей книги, этики, точно бы эстетика была только одним аспектом этики. Может быть, ты так не думаешь, но весь подбор примеров и мыслей заставят так думать читателя. Мне представляется, что как в этике есть внеэстетические элементы, так и в эстетике не может не быть элементов внеэтических.

6 Jan 1950. В связи с этим мне (да и скольким читателям) представляется крайне субъективным и неприемлемым утверждение, что красота есть ценность "фундированная", надстройка над другими ценностями. Как можно, например, заключивши себя в такое мировоззрение, воспринять чувство Пушкина, выраженное в стихах "...и равнодушная природа красою вечною сиять". Сказать, что Пушкин в данном случае ошибся, но художнику ли ошибаться "перед святыней красоты"?..

Чтобы лучше формулировать впечатление от твоей Эстетики, постараюсь выразиться графически.

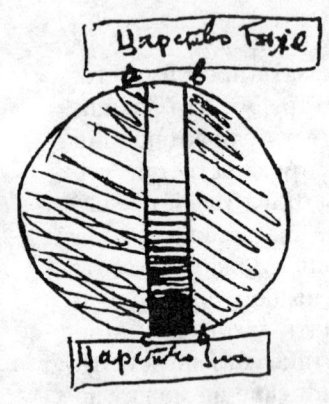

Изображенный здесь круг является красотой, - предметом книги "Эстетика", как я ее себе представляю. Твоя книга взяла из предмета только один его разрез. *Искусство как выражение мысли*, причем мысли почти всегда, если не всегда, нюансированной светотенью добра и зла. Я осмелюсь утверждать, что толща предмета эстетики в книге не затронута, п<отому> что вся почти красота природы и добрая треть произведений искусства в этот моральный разрез не попадают. Некоторые пассажи о "красивостях" и "приятностях" (не помню точно терминов) не отбрасывают совсем эту категорию из ценностей, но умаляют ее и проходят мимо, как перед предметами, не относящимися к сущности эстетики.

Я вполне согласен, что *мысль* и даже *морализирующая мысль* является часто важным и даже существенным элементом 1^0 в литературе, 2^0 в поэзии, 3^0-4^0 в изобразительных искусствах (живописи и скульптуре), 5^0-6^0 и, в сильном интеллектуальном преломлении — в архитектуре и музыке, 7^0 в орнаменте. Порядковые цифры $1^0 \to 7^0$ показывают тоже степень значения мысли в том или ином искусстве.

На мой взгляд, нельзя обойтись без словесно определимой мысли в литературной прозе, и даже поэзии. "Заумные" стихи мне кажутся вещью малоценною и даже коренным образом порочною [хотя не могу не привести забавный пример для размышления: один современный поэт заканчивает свои стихи так: "Ce poème n'est ni bon ni mauvais: il a d'autres mérites"[1]. Какие достоинства, мне не дано усмотреть, но мысль неожиданная и интересная...]. Конечно, "Сонет" это прежде всего чудная по совершенству форма поэтической архитектуры. Дело художника заполнить ее хорошим словесным материалом, но без цемента мысли этот материал пропадет зря. Слово без смысла не есть слово, а звук, с этим я спорить никак не намерен. Совсем другое дело — мысль в живописи или скульптуре, т.е. искусствах, коих язык не переводим в словесные формы. В них всякий к искусству очень чуткий человек усмотрит закон, по которому интенсивность мысли в сюжете произведения искусства обусловливает обратную пропорциональность в производимом им художественном впечатлении. В произведении изобразительного искусства, равно как и других искусств, должны быть и мысль и духовность, но эти мысль и духовность обитают не в сюжете (поскольку речь идет о произведении *искусства*), а в форме и материи, которые словами выражены быть не могут. Поэтому не пытаюсь ничего формулировать, а приведу только аналогичное заявление героя Le Lys Rouge, который говорит своей любовнице: "J'adore l'âme de ta chair"[2]. Духовность произведения живописи или скульптуры вытекает и неразрывно связана с его формой и материей — но этого слишком часто не чувствуют люди много читающие и думающие. Вся живопись импрессионизма и почти всех других, позднейших течений не укладывается никак в рамки "мысленно" обоснованной эстетики. Импрессионизм и не "фундируется" ни на чем другом, *как на чисто зрительной эмоции*, где же тут, следовательно, моральная "ценность"...

А что же остается "неизобразительным" искусствам, где мысль и духовность только и могут быть в форме и материи — архитектуре — орнаментике — невокальной, незвукоподражательной и не лейт-мотивно программной музыке? Лунная соната Бетховена хороша ли только тем, что изображает луну, о которой композитор совсем не думал, когда писал ее "quasi una fantasia"[3]? А о чем мог "думать" Бах, когда складывал свои фуги, не осмысленные никакими текстами и темами, а только формальным требованием вплетения определенной мелодии в разные нити контрапунктной ткани? Почему именно из них, ни на чем "ценном" не "фундированных", "прет" такая мощная "духовность"?

Все это формулировать — не моего ума дело. Не могу все же не закончить своих разглагольствований попыткой дать определение *предмета* эстетики, в той ее части, в которой она относится к искусству. Думаю, что под этой формулой могут подписаться и другие современные деятели на почве искусствоведения в Европе.

Этот предмет есть "по-нашему" — изучение *способа воплощения* человеком красоты в материю, звук или движение. Кажется, исчерпал этим перечислением все виды физических энергий, с которыми соприкасается искусство. Слово "звук" заключает в себе крайне существенное подразделение: осмысленное слово. Что же до понятия *Красоты* (что за пошлятина в этом заглавном К!!!, но что делать...), то я бы ее скорее назвал Абсолютным (в коем, как в ночи, "tous les chats sont gris"[4], как сказал, кажется,

Гегель по поводу Шеллинга), п. ч. тут требуется еще больше оговорок, чем ты даешь в своем тексте. Но самое лучшее сейчас мне вывалить все заметки, которые родились при чтении твоей рукописи, без всякой классификации и не спрашивая себя, писаны ли они "по существу" или "по поводу" прочитанного.

стр. 61. — Чудные строчки Guyau о горном пейзаже, который он пьет с холодным молоком. Другой вкусовой пейзаж — этот чисто "луговой", настоящая пасторальная симфония Бетховена выпивается с бенедиктином. Чудные цветочные симфонии дает мед. А в вине горький пьяница Э.Т.А. Гофман очень убедительно восхваляет "свадьбу духов солнца и земли".

стр. 62. Осязательный эстетизм. Помню, что еще будучи мальчиком, оценил это чувство у бабушки как проявление инстинктивного аристократизма. В революционное время она очень жаловалась, что, ходя по гимназии, должна была держать в руке записную книжку в жесткой картонной, а не мягко-упругой сафьянной обложке. А ее правнучка Елена, которая еще не осмыслила ни "папа", ни "мама", уже усвоила понятие "кис" — т.е. пушистая и теплая поверхность меха. За ощущением "кис" обращаются к маминой шубке. папиному воротнику на canadienne, а главное — за обшлаг дедушкиной, кроличьей душегрейки. Хотя, как понимается, возбудителем понятия "кис" была кошка — один из тех "субстанциальных деятелей", от вида которых наш Пушек* приходит в трепет.

9 Jan 1950. 83 Положительное эстетическое чувство при созерцании безобразия есть явление довольно частое, однако к нему подходят твои объяснения и определения только в случае *карикатуры*, т.е. того вида изобразительного искусства, где моральный суд над объектом уже совершен самим художником. Но как часто предметом искусства является физическое и даже духовное безобразие без элемента морального осуждения. Цитирую первые попавшие примеры: луврский портрет Ghirlandajo: прелестный ребятенок нежно обнимает очень симпатичную девушку, у которой нос гипертрофировался в губчатую массу. А галерея придворных шутов Веласкеза, а оборванцы-"философы" Рибейры, Jacque Callot etc? Сколько во всех этих уродствах трогательного и часто возвышенно трагических и всегда высоко эстетических элементов!

---

* Прозвище Елены из-за ее пушисто-мягких волос. – *Прим. Б.Н. Лосского.*

А какое интересное место должно было бы занимать в подобной главе искусство Дега и, особенно, Тулуз-де-Лотрека! У первого все элементы рисунка суть "динамические" и "статические" черты деформаций человеческого тела, профессий (жокеи, танцовщицы, прачки и др.), какой-то беспощадно-жалостливый взор на человеческое существо, как аналогично у Чехова в словесном изображении социально-деформированных характеров. Вспоминается еще Daumier — но о нем не смею говорить, п.ч. это целый мир, целый Микель Анджело XIX века. Возвратимся к Лотреку и его удивительному парадоксу. Его произведения, особенно графические, являются шедеврами линеарной *красоты*, но вся эстетическая селекция заключается в выхватывании из модели и утрировки (без карикатуры) я бы сказал "сублимации" самых низких, самых *уродливых* черт. На эту тему еще можно было бы дать много примеров, но мало пользы делать это далеко от иллюстраций. Обобщим парадоксом: "красота уродства".

стр. 150. Литературный образ влияет на создание характера человека. Хорошая иллюстрация: Татьяна в "Евгении Онегине" "Воображаясь героиней своих возлюбленных творцов..." Интересные мысли у Уайльда об эволюции литературных типов и ее влиянии на эволюцию реальных характеров. В этой статье, заглавие которой забыл, Уайльд залезает уже совсем в чащу парадоксов, утверждая, что сама природа перерождается вместе с эволюцией искусства, которое себя интерпретирует и ею руководит. Ср. "Триолеты" Федора Сологуба: "Природа учится у нас, — мы у нее учиться рады..." Подобные мысли я бы удержал наполовину.

Различные типы изобразительного искусства.

Возьмем, к примеру, искусство пейзажа, которое воспитывает наш глаз в разных направлениях и, подчиняя его своей убедительности, открывает ему (именно благодаря своей такой или иной односторонности), направляя его на многие аспекты природы, которая сама по себе бесконечно сложна и которую не художнический глаз воспринимает "en bloc"[5], не умея выделить накакого ее мотива. Поэтому, наверное, итальянский или французский пейзажи, виденные и по-разному интерпретированные поколениями известных художников, представляются нам такими богатыми. Поэтому русский человек, сформировавший свою культуру на родных мотивах Нестерова и Левитана, усматривает в своем пейзаже высокую поэзию и духовность там, где западный человек заметит только хилость и убожество. И мне очень понятно заявление одного товарища-француза об Америке: он был очень поражен всеми грандиозностями и фокусами, которыми не только американец, но и его страна удивляют европейцев. Но при этом сказал, что видел много форм и много красок, но все это было "*cru*" — сырым неосмысленным материалом. Ответ на это ясен: не было поколений влюбленных в природу американских живописцев, чтобы перевести эту природу на язык искусства и научить нас через искусство *чувствовать ценное* в этой природе. В данном случае я говорю о человеке, сформировавшемся в атмосфере искусства.

152. Все это приводит и меня к формуле: "Бог — художник мира", человек-художник — "зритель" его. Мир бесконечно богат, и искусство передает нам через разных художников и разные произведения — разные аспекты, разные элементы этого богатства.

153. Относительно религиозного кризиса в молодости братьев Трубецких кн. Яшвиль рассказала мне следующее. Передаю "*à toute fin utile*"[6]: усомнившись честно, "научно", в существовании Бога и придя даже к его отрицанию, оба брата сочли своим долгом объявить об этом очень ими чтимой матери, которая была очень религиозна. Ее реакция была та, что она благословила их на все честные мысли, но попросила их в глубине себя содержать в чистоте опустевшее обиталище ("квартиру") Бога, что они ей и обещали сделать. "Или Бог есть — или жить не стоит". Не лучше ли один из героев, кажется, в "Бесах" Достоевского воскликнул: "Если нету Пречистой Богородицы, то какой же я генерал?!"

154. Что же до Девятой симфонии, то по ее поводу можно сказать следующее: великое произведение искусства столь же многообразно и сложно по отношению к воспринимающему, сколь многообразен и сложен мир по отношению к художнику. Потому оценки и понимания художественного произведения тоже множественны, п.ч. и в *восприятии* зрителей или слушателей есть целая гамма субъективных элементов.

В "scherzo" IX симфонии, для кн. Трубецкого три сухие — резкие удары прерывают "тривиальное бюргерское веселье". А для Ариэля—Глинки это же самое скерцо было "куском неба, упавшим на землю", самой, кажется, ценной частью творения Бетховена. А относительно хоровой части симфонии, которая заключает для Трубецкого все, ты сам всегда говорил, что она совсем не удовлетворительна, по крайней мере в слышанном нами исполнении. Я ее люблю, но пойдем дальше.

На углу южной части Шартрского собора (войдя в него, кажется, Наполеон признал: un athée se sentirait mal ici[7]) приделана длинная статуя ангела XIII века, держащая солнечный циферблат: Huysmans усмотрел в этом к часам приставленном гении что-то жуткое — двойственную, почти Леонардовскую красоту — "un mauvais clerc"[8], кандидат в расстриги и всякую мутную чертовщину. Роден, художник тоже духовно-прозорливый, восхваляет в этом ангеле образ самого чистейшего бесстрастия и небесного беспристрастия и ставит все это в связь с миссией этого ангела отмерять время. Относительно последнего следует заметить, что статую XIII века, которую не знали куда девать, во время одной из перестроек храма приделали к башне в XVI-м веке и, чтобы чем-нибудь ее занять, дали ей в руки солнечные часы.

Заметив, что упустил целый ряд записок, возвращаюсь к *стр. 92*. По поводу прекрасности разных лиц в момент совершения высоких морального порядка поступков есть хороший пассаж у Joinville о Св. Людовике, который в битве держал себя с отвагой, но без остервенения и тем самым был прекрасен. Но самый подходящий пример дает Тургенев в "Бежином луге", где изображает очень некрасивого мальчика Павлушу, смело бросившегося в лес верхом, чтобы испугать подкрадывающегося к пасущимся лошадям волка. В момент своего возвращения он показался Тургеневу прекрасным. — Madonna Connestabile, а не Constabile Ботичелли. Никогда бы не упоминал Нестерова рядом с процитированными произведениями старых мастеров. Таким же образом нарушило бы *эстетическое* равновесие твоего текста упоминание французских символистов конца прошлого столетия.

Относительно "прекрасного" в четырех маленьких драмах Пушкина, оно, конечно, несомненно, но моральные его стороны более чем парадоксальны. Относительно Дон Жуана известно, что это за мерзавец: на протяжении всей пьесы "Каменный гость" он совершает ряд эгоистических преступлений и все это оправдывается любовью прекрасного самца к прекрасным самкам. Алексей Толстой захотел осенить характер Дон Жуана фаустовской философией, но ничего убедительного из этого не вышло. В трех других пьесах, всецело созданных Пушкиным, красота порока проходит основной мыслью. В "Пире во время чумы" это нездоровое наслаждение "всем, что гибелью грозит". В "Скупом рыцаре" показано в первый и последний раз в литературе что-то вроде "морального оправдания" скупости, показано ее "величие". В "Моцарте и Сальери" — это зависть, возведенная в добродетель. Сальери, как некий Прометей, является поправить Богом допущенную несправедливость к трудящемуся и ждущему заслуженной награды человечеству. Конечно, подлинной подоплекой всей этой философии является зависть Сальери к Моцарту, но интересно, что Пушкин захотел показать нам как бы "морально ценный" аспект этого чувства, про которое шутя сказал: "зависть — сестра соревнования, следовательно она хорошего роду".

стр. 94. — *Venus Arodyotene* Тициана — картина очень мало известная. Ты, наверное, ее встретил на обрывке журнала "Beaux-Arts" в остававшихся от меня бумагах. Предлагаю заменить ее *Флорою* из Уффици, писанною Тицианом с той же прекрасной модели между 1515 и 20 годами.

стр. 118. Самый крупный пример влияния Радиолярий Геккеля на искусство — это вдохновленные одной из них ворота всемирной парижской выставки 1900 года.

11 Jan 1950, стр. 122. Безотрадный вид и безобразие каменноугольных областей случилось мне "пережить" в 1935 г. Захотевши прокатиться из Намюра по долине Мэзы — самой красивой части Бельгии, я сел не в тот поезд, углубился в долину Самбры и, приведенный в совершенное угнетение фабричными трубами, дымом и шлаковыми курганами, выскочил в Шарлеруа, чтобы вернуться в Намюр или Брюссель. Восемь лет спустя, от бельгийских товарищей в плену мне довелось услышать песню, коей локально-патриотический автор утверждал, что изъездил лучшие страны земли, видел и Венецию, и Париж, и Испанию и в конечном результате: "Pays de Charleroy, c'est toi que je préfère, *le plus beau coin de terre*"...[9] Поскольку это его родимый край, он в каком-то смысле прав. Но какой пример для размышления об абсолютной ценности других "родимых краев". И нам это знать не мешает, да наши поэты Пушкин, Лермонтов, Тютчев, Полонский, Блок это хорошо чувствовали: "но и *такой* (очень жалкой и убогой), моя Россия, ты всех краев дороже мне". Вот отчего опасно неподготовленному симпатически иностранцу показывать живопись Нестерова. — Кстати, "Святую Русь" я уже видел на одной хорошо отпечатанной афише в одном из европейских соборов или костелов. Приглашают правоверных "prier pour la *christianisation* de la Russie"[10], и всякому уважающему себя католику ясно, что страна несчастных и немощных дикарей на этой картине приносит свое покаяние Римом признанному Христу. — Виноват, что отступил от темы. Недели через две пришлю еще столько же бумаги. Целую тебя и Андрея. Привет друзьям.

Ваш Борис.

ПРИМЕЧАНИЯ

1. "Эта поэма ни хороша, ни дурна: у нее есть другие достоинства" (франц.).

2. "Обожаю душу твоего тела" (франц.).

3. "почти как фантазию" (итал.).

4. "все кошки серы" (франц.).

5. "в целом" (франц.).

6. "на всякий случай" (франц.).

7. "атеист чувствовал бы себя здесь плохо" (франц.).

8. "дурной священнослужитель" (франц.).

9. "Край Шарлеруа, тебя я люблю больше всего, прекраснейший уголок земли" (франц.).

10. "молиться о христианизации России" (франц.).

*Н.О. Лосский — Б.Н. Лосскому**

29-1-50

Дорогой Боря,

благодарю тебя за интересные обстоятельные замечания о моей эстетике. У меня есть мамина рукопись; тебе послана копия, сделанная мною по новому правописанию.

Ты не прав, что моя теория есть морализм. В книге на каждом шагу встречаются слова добро и зло, но не в смысле нравственного добра и зла, а в смысле всякой положительной или отрицательной ценности. Эстетика, как и этика, принадлежит к области аксиологии (теории ценностей); поэтому в обеих науках часто употребляются слова добро и зло. Я утверждаю, что идеал красоты есть абсолютная полнота жизни личности, осуществимая в Царстве Божием. Отсюда следует, что все аспекты жизни, необходимые для полноты жизни или ведущие к ней, обладают ценностью красоты, если они воплощены телесно, — напр., разумность, целесообразность, органическая цельность, свобода, мощь (даже стихий, напр., огня, океана). Все эти аспекты необходимо связаны с нравственным добром.

---

* Из архива Б.Н. Лосского. Впервые опубликовано: "Русский альманах", Париж, 1981.

Согласно метафизике персонализма, положенной мною в основу эстетики, весь мир насквозь пронизан духовною или душевною деятельностью, психоидною, психическою или гиперпсихическою. Все материальное есть *психоидноматериальное* или *психоматериальное*. Мысль занимает очень мало места в этой душевной жизни. Не только красота природы, но и красота в искусстве *не есть выражение мысли*, но она всегда есть выражение какого-либо смысла. Даже тогда, когда художник исходит в своем творчестве из какой-либо мысли, он воплощает в своем произведении не мысль, а мыслимое им бытие.

Воплощение формы в материи, т.е. в красках, звуках, пространственных формах еще не есть весь состав красоты. Согласно учению о всеодушевленности мира, каждое событие творится каким-либо субстанциальным деятелем соответственно его стремлениям и чувствам. Таким образом, напр., красный цвет есть психоиднокрасный и голубой цвет есть психоидно-голубой; они выражают весьма различные *настроения* субстанциальных деятелей. Также и все звуки суть выражение психоидных или психических процессов. Таким образом и фуги Баха суть не только сплетения звуков. Если признать, что все внешнее материальное есть выражение *внутренней жизни*, положительно или отрицательно ценной, то естественно принять и учение о "*фундированности*" красоты. И слова "J'adore l'ame de la chaire" становятся понятны: в них, вероятно, подчеркнуто восхищение биологическим цветением жизни, вроде того, как мы восхищаемся красотою жизнерадостности детей, играми щенков, котят. Ароматы и вкусы (наблюдение Guyau) еще глубже выражают психоидную жизнь природы, чем краски и звуки, но мы редко наблюдаем красоту их, потому что они слишком отвлекают наше внимание в сторону наших телесных нужд. Изображение безобразия, возникающее благодаря "беспощадно-жалостливому взгляду на человеческое существо", есть откровение ненормальности безобразия, что и дает эстетическое удовлетворение. Драма "Моцарт и Сальери" есть воплощение идеи "гений и злодейство несовместны". О значении "Скупого рыцаря" и "Все что гибелью грозит" сказано в моей Этике. Можно ли мне вставить фразу: "Мой сын Борис Лосский, историк искусства, указал мне на ворота всемирной парижской выставки 1900 г., как пример влияния альбомов Геккеля"?*

Целую тебя и благодарю за твои соображения о красоте.

Твой папа.

---

* На что я, помнится, реагировал положительно, во имя сыновней почтительности, не признаваясь отцу в том, что не отказываюсь от своих утверждений. (*Прим. Б.Н. Лосского.*)

Н.О. Лосский — А.Ф. Родичевой*
9.IV.52   N. Lossky
11959 Dorothy St.
Los Angeles 49, Calif.
U.S.A.

Воистину Воскресе!

Дорогая Александра Федоровна,
Андрей и я поздравляем Вас с Праздником Воскресения Христова и желаем Вам провести его в веселии духа; благодарим за открытку, напомнившую мне дни свадьбы. Ваше письмо шло три недели; возможно, что мое дойдет к Вам в начале Святой. — В Лазареву субботу мы будем причащаться и через неделю пойдем на Пасхальную заутреню.

Мы очень хотели отправить Лидии Ивановне посылку, но оказалось, что сатанисты-коммунисты в погоне за долларами облагают посылки зверскою пошлиною: посылка, скажем, стоит 10 долларов, а пошлина на нее 30 долларов. Таких денег у нас нет: здесь труд профессоров оплачивается невысоко.

---

* О Ф.И. Родичеве и его семье см.: Лосский Н.О. Воспоминания. Жизнь и философский путь // Вопросы философии, 1991, № 12, с.107.

У всякого человека, даже и не профессионала-философа, есть своя философия, к сожалению, не систематизированная и не выраженная в точных понятиях. Из писем, речей и статей Федора Измаиловича можно было бы извлечь его философию, но это работа очень трудная и требующая знания истории философии. Философию Достоевского я постарался изложить в книге "Достоевский и его христианское миропонимание". До сих пор она напечатана только по-словацки. Хорошо, что Вы отправили выдержку из письма Софии Федоровны Зеелеру. Кто этот Зеелер? Нет ли у него издательства? *Я ищу в Европе какого-нибудь издательства*, которое могло бы напечатать некоторые мои небольшие вещи, напр., "Бог и мировое зло" (90 стр.). Вам интересно было бы прочитать книгу Мочульского "Духовный путь Гоголя". YMCA-PRESS в Париже напечатала ее. Это же издательство напечатало превосходную книгу Тарковой "Пушкин" (2 тома), Там же напечатана в 1949 г. моя книга "Условия абсолютного добра" (основы этики). Эта книга моя напечатана также по-французски: Des conditions de la morale absolue изд. La Baconniere, Neuchâtel. Русские книги, изданные ИМКОЮ (YMCA), можно выписывать из Парижа от Les éditeurs réunis, 29, rue St.-Didier. Paris (16). В YMCA-

PRESS лежит моя рукопись "Мир как осуществление красоты" (основы эстетики). Надеюсь, что они напечатают ее.

В этом году у нас выпало дождя более обыкновенного. Говорят, в пустыне будет поэтому в апреле роскошный ковер цветов. Собираемся поехать за 150 километров отсюда посмотреть. Очень благодарю Вас за желание распространить мою книгу; пусть иностранцы убедятся, что в России была культура европейского типа, и опять она возродится.

Здесь есть места, изобилующие змеями. Гремучие змеи заползают иногда и в овраги Лос Анжелеса (каньоны). Есть здесь и небольшие львы, вроде барсов. Как-нибудь пришлю Вам открытку с пальмами.

Андрей и я шлем Вам сердечный привет.
Душевно преданный Вам
Н. Лосский

СОДЕРЖАНИЕ

ПРЕДИСЛОВИЕ 5
ВВЕДЕНИЕ 17

ГЛАВА 1. Абсолютно совершенная красота
1. Идеал красоты 21
2. Абсолютно совершенная красота Богочеловека и Царства Божия 35

ГЛАВА 2. Состав совершенной красоты
1. Чувственная воплощенность 60
2. Духовность 73
3. Полнота бытия и жизни 75
4. Индивидуальное личное бытие 77
5. Аспекты идеальной красоты личности . . .79
6. Личность как конкретная идея 91
7. Учения о красоте как явлении бесконечной идеи 96
8. Субъективная сторона эстетического содержания 106

ГЛАВА 3. Ущербленная красота 112

ГЛАВА 4. Состав несовершенной красоты
1. Различие между составом идеальной и составом ущербленной красоты 125
2. Чувственная воплощенность 126
3. Духовность и душевность 133
4. Данность чужой духовности и душевности в интуиции 137
5. Чувства в эстетическом восприятии . . .146
6. Смысл предмета эстетического восприятия .152

- 7. Индивидуальное личное бытие в несовершенном царстве мира ..156
- 8. Аспекты красоты в несовершенном царстве бытия 162
- 9. Сходство эстетических учений различных философских школ 165

ГЛАВА 5. Субъективная сторона восприятия ущербленной красоты 170

ГЛАВА 6. Виды красоты 183

ГЛАВА 7. Красота в природе 201

ГЛАВА 8. Красота в жизни человека
- 1. Красота в индивидуальной человеческой жизни 262
- 2. Демоническая красота 276
- 3. Красота в общественной жизни и в истории человечества 285

ГЛАВА 9. Искусство
- 1. Сущность искусства 295
- 2. Красота в искусстве 309
- 3. Искусство и жизнь 331

ГЛАВА 10. Критика философских направлений в эстетике
- 1. Релятивизм в эстетике 340
- 2. Физиологизм в эстетике 345
- 3. Психологизм в эстетике 347
- 4. Эстетический формализм в учении об искусстве 353
- 5. О противниках нормативности эстетики 375

ПРИМЕЧАНИЯ .... .378
ПРИЛОЖЕНИЕ .... .387
Письма

Б.Н. Лосский – Н.О. Лосскому. Январь 1950 г.

Н.О. Лосский – Б.Н. Лосскому. 29 января 1950 г.

Н.О. Лосский – А.Ф. Родичевой. 9 апреля 1952 г.

Издательство **"ПРОГРЕСС-Традиция"** предлагает книги по философии и истории, религиоведению и культурологии, психологии и искусствознанию. А также — художественную и детскую литературу.

<u>*Вышли в свет:*</u>

БЕРБЕРОВА Н.Н.
"Люди и ложи"
20 п.л.

ФЕДОРОВ Н.Ф.
Собрание сочинений в 4 т. - Т. 3
60 п.л.

КАЖДАН Т.П.
"Художественный мир русской усадьбы 1830-1900"
25 п.л.; 120 ч/б илл.

ХЕЙЗИНГА Й.
**"Homo ludens.
Статьи по истории культуры"**
(Избранные произведения в 3 т. - Т. 2)
30 п.л.

Выходят в свет:

ПАССМОР Дж.
"**Сто лет философии**"
Пер. с англ. , 45 п.л.

РАШКОВСКИЙ Е.Б.
"**На оси времен:
очерки по философии истории**"
12 п.л.

ЭКШТУТ С.А.
"**На службе Российскому Левиафану**"
12 п.л., 32 ч/б и 32 цв. илл.

СОКОЛОВ М.Н.
"**Мистерия соседства.
О метаморфологии культуры Возрождения**"
300 п.л.

КРАМЕР Д., ОЛСТЕД Д.
"**Маски авторитарной власти**"
Пер. с англ., 17 п.л.

ЛЕБЕДЕВ А.В.
"**Тщанием и усердием.
Примитив в России XVIII-XIX столетий**"
22 п.л.; 100 ч/б и 64 цв. илл.

По вопросам приобретения книг обращаться по телефону: **245 1952**

Н.О. ЛОССКИЙ
Мир как осуществление красоты.
Основы эстетики

Редактор А.А. Яковлев
Оформление, макет А.Б. Орешиной
Художественный редактор С.К. Труханов
Компьютерная верстка Л.П. Трухановой

ЛР №. 030624 от 1 дек. 1994. Подписано в печать 28.02.98.
Формат 70 × 90/32. Гарнитура «Бодони». Бумага офсетная. Печать офсетная.
Усл.-печ. л. 15,21. Тираж 5000 экз. Заказ № 458
«ПРОГРЕСС-Традиция», «Традиция», Москва, Оболенский пер., д. 10а.
Отпечатано в полном соответствии с качеством предоставленных
диапозитивов в ОАО «Можайский полиграфический комбинат».
143200, г. Можайск, ул. Мира, 93.